JN074273

GIGA
スクール構想で
変わる
授業づくり入門

1人1台情報端末でできること 50

蔵満逸司 著

黎明書房

はじめに

　全国の児童が1人1台の情報端末を手にした2021年，GIGAスクール構想の施策の下，コンピューターを使った授業づくりが改めて教師の関心事になっています。

　本書は，初任の教師でも，コンピューターがあまり得意でない教師でも，意欲的にコンピューターを使った実践に取り組むことができるように，基本的な理論と誰でも取り組める実践を中心にまとめたものです。

　実践例は，児童の主体的な学びをねらいとした授業づくり，インクルーシブな授業づくりの視点を大切にしたものを中心に選びました。

　1人1台の情報端末といっても，自治体により，「Google Chrome OS搭載のGoogle Chromebook」（以降Chromebook），「Microsoft Windows搭載のWindowsパソコン」（以降Windows），「iPad OS」搭載の「iPad」（以降iPad）のおおむね3つに分かれます。本書は，汎用性のある実践例を中心に紹介しました。

　琉球大学の岡本牧子准教授・吉田安規良教授・白尾裕志教授・比嘉俊准教授，琉球大学教職大学院6期生のみなさん，田場秀樹さん，黎明書房の伊藤大真さんにはお世話になりました。ありがとうございました。

蔵 満 逸 司

1

目 次

目次

第1章
GIGAスクール構想

1　GIGA スクール構想とは？

GIGA スクール構想は，国の政策の名前です。GIGA スクール構想の GIGA は，通信速度で使うギガビットではなく，Global and Innovation Gateway for All（全ての人にグローバルで革新的な入り口を）の略です。

この構想でハード面で具体的に目指しているものは次の二つです。

---

①　学校に高速大容量のネットワーク環境を整備すること。
②　義務教育段階において，全学年の児童一人一人がそれぞれ端末を持つこと。

2　GIGA スクール構想の目的は？

令和元年 12 月 5 日の閣議決定『安心と成長の未来を拓く総合経済対策』で GIGA スクール構想について，次のように書かれています。

　2．Society 5.0 時代を担う人材投資，子育てしやすい生活環境の整備

　　国の将来は何よりも人材にかかっている。初等中等教育において，Society 5.0 という新たな時代を担う人材の教育や，特別な支援を必要とするなどの多様な子供たちを誰一人取り残すことのない一人一人に応じた個別最適化学習にふさわしい環境を速やかに整備するため，学校における高速大容量のネットワーク環境（校内 LAN）の整備を推進するとともに，特に，義務教育段階において，令和 5 年度までに，全学年の児童一人一人がそれぞれ端末を持ち，十分に活用できる環境の実現を目指すこととし，事業を実施する地方公共団体に対し，国として継続的に財源を確保し，必要な支援を講ずることとする。あわせて教育人材や教育内容といったソフト面でも対応を行う。

ここで述べられている GIGA スクール構想の目的は二つです。

---

①　Society 5.0 という新たな時代を担う人材の教育
②　特別な支援を必要とするなどの多様な子供たちを誰一人取り残すことのない一人一人に応じた個別最適化学習にふさわしい環境の整備

Society 5.0 は，平成 28 年 1 月 22 日に閣議決定された科学技術基本計画において，我が国が目指すべき未来社会の姿として初めて提唱された概念です。

人類の歴史を「Society 1.0 狩猟社会」「Society 2.0 農耕社会」「Society 3.0 工業社会」

「Society 4.0 情報社会」と区分し，現在は Society 4.0 の情報社会で，これから目指す新たな社会を「Society 5.0」としています。

Society 5.0 は，『サイバー空間（仮想空間）とフィジカル空間（現実空間）を高度に融合させたシステムにより，経済発展と社会的課題の解決を両立する，人間中心の社会（Society）』と定義づけられています。

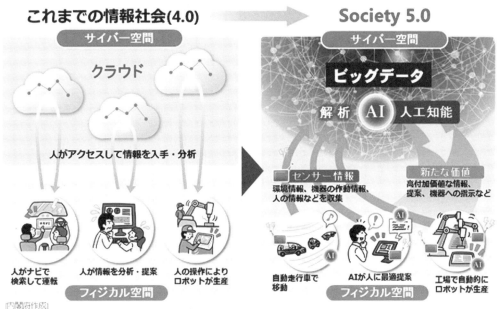

（内閣府ホームページ，Society 5.0）

Society5.0 の社会で目指しているのは，『地域，年齢，性別，言語等による格差がなくなり，個々の多様なニーズ，潜在的なニーズに対して，きめ細かな対応が可能』で，『経済発展と社会的課題の解決を両立していける社会』です。

（内閣府ホームページ，Society 5.0）

3　児童1人1台の実現はなぜ前倒しされたのか

前掲の令和元年12月5日の閣議決定『安心と成長の未来を拓く総合経済対策』では，児童1人1台の実現は，令和5年度が期限とされていましたが，新型コロナウィルスの影響で一斉休校が行われるなど予期せぬ緊急事態が発生したことで，遠隔授業の実施も視野に入れ，前倒しされました。

経済産業省が2020年2月28日に新型コロナ感染症による学校休業対策「学びを止めない未来の教室」プロジェクトを始動させたことも前倒しを加速させました。

令和2年度補正予算に，学校ネットワーク環境の全校整備，GIGAスクールサポーターの配置，緊急時における家庭でのオンライン学習環境の整備（家庭学習のための通信機器整備支援，学校からの遠隔学習機能の強化，「学びの保障」オンライン学習システムの導入）も含めて総額2,292億円の予算が組まれました。

この結果，2020年度予算によるハード面の実現を目指して各地で機種選定やネットワーク環境整備に向けた動きが活発化しました。

私も沖縄県浦添市のGIGAスクール構想機種選定委員会に委員長として参加し，機種選定作業に関わりました。全国の自治体で同様のことが行われ，機種選定が行われました。

> **児童生徒の端末整備支援**
>
> ○　「1人1台端末」の早期実現　　　　　　　　　1,951億円
>
> 令和5年度に達成するとされている端末整備の前倒しを支援、
> 令和元年度補正措置済（小5,6、中1）に加え、残りの中2,3、小1〜4すべてを措置
>
> 　対象：国・公・私立の小・中・特支等
> 　国公立：定額（上限4.5万円）、私立：1/2（上限4.5万円）
>
> ○　障害のある児童生徒のための入出力支援装置整備　　　11億円
>
> 視覚や聴覚、身体等に障害のある児童生徒が、端末の使用にあたって
> 必要となる障害に対応した入出力支援装置の整備を支援
>
> 　対象：国・公・私立の小・中・特支等
> 　国立、公立：定額、私立：1/2

令和2年度補正予算概算説明—GIGAスクール構想の実現—
令和2年5月11日（文部科学省）

4　GIGAスクール構想のねらい

①　Society 5.0という新たな時代を担う人材の教育とは

内閣府の科学技術政策Society 5.0によれば，これまでの知識や情報が共有されず，分野横断的な連携が不十分であるという問題がありましたが，Society 5.0が実現する社会は，『IoT（Internet of Things）で全ての人とモノがつながり，様々な知識や情報が共有され，今までにない新たな価値を生み出すことで，これらの課題や困難を克服します。

また，人工知能（AI）により，必要な情報が必要な時に提供されるようになり，ロ

ボットや自動走行車などの技術で，少子高齢化，地方の過疎化，貧富の格差などの課題が克服されます。社会の変革（イノベーション）を通じて，これまでの閉塞感を打破し，希望の持てる社会，世代を超えて互いに尊重し合える社会，一人一人が快適で活躍できる社会』になるとしています。

IoT（Internet of Things）は，アイオーティーと読み，「モノのインターネット」と訳されます。これまでインターネットはコンピュータ同士を接続するためのものでした。しかし，現在は，テレビ，デジタルカメラ，スマートフォン，タブレットなど様々な端末が接続されています。こうしたインターネットの接続状況を IoT と呼びます。

IoT，ロボット，人工知能（AI），ビッグデータなどが産業や社会生活に使われるようになり，経済発展と社会的課題の解決を両立していく新たな社会を担う子どもに育てることが GIGA スクール構想の目指す第 1 のねらいです。

② 特別な支援を必要とするなどの多様な子どもたちを誰一人取り残すことのない一人一人に応じた個別最適化学習にふさわしい環境の整備

これまでも特別な支援を必要とする子どもたちへの指導の分野では，ICT（情報通信技術）機器が積極的に活用され，子どもの特性に応じたアプリの開発や有効な活用法が研究実践されてきました。

障害のある子も含めて，多様な子どもたちに応じた指導を 1 人 1 台の ICT 機器を使って実現することが GIGA スクール構想の大切なねらいのひとつであることを忘れてはいけません。

5 標準仕様書で推奨されているOSとは

令和 2 年 3 月 3 日文部科学省「GIGA スクール構想の実現標準仕様書」には，学習者用コンピュータのモデル仕様として，Microsoft 社「Windows OS」，Google 社「Google Chrome OS」，Apple 社「iPad OS」の 3 種類が例示されています。

既に機種選定は終わり，市町村単位で選定された機種が導入されています。選定され導入された機種の特徴を把握し最大限生かす取り組みをしていくことが大切です。

簡単に 3OS の特徴と使用することが想定される学習用ツールをまとめてみます。

Windows OS

・長く教育現場で使われてきた実績があるので使い慣れている教師が多い。

・製造しているメーカーが多く，周辺機器やアプリも充実している。

・アプリケーションソフトを本体のローカルディスクにインストールして使用することができる。

Google Chrome OS

・歴史は浅く使い慣れている教師が多くはないが，起動時間が短いこと，比較的軽量であること，一般価格が比較的安価であること，本体にデータを保存しないのでセキュリティ面の不安が少ないことなどが評価されている。

・本体ではなく基本的には，Web 上のクラウドにデータがあることから，端末の共有が容易。

iPad OS

・世界的に個人利用者が多く，教育用・一般用アプリが充実している。

・Apple 社が提供する教育用 App（無償），Keynote（プレゼンテーション），Numbers（表計算），Pages（ワープロ）といったオフィス機能を持ったアプリや iMovie，GarageBand&Clips といった動画・音楽編集アプリ，Swift Playgrounds（プログラミングの教材）や Face Time（ビデオ会議）などが提供されている。

共通

・Microsoft の教育機関向け Office 365 では，ワープロソフトの Microsoft Word，表計算ソフトの Microsoft Excel，プレゼンテーションソフトの Microsoft PowerPoint，アンケートや小テストに使える Microsoft Forms が使用できる。Microsoft Teams で，課題の配布・回収・採点，Microsoft Word，Microsoft Excel，Microsoft PowerPoint などのファイルの協同編集，遠隔授業のための Web 会議，ノートを管理する OneNote が利用できる。

・Google の Google Workspace for Education は，全てのアプリが無償でクラウドベースで動くことから，時間・場所に関係なく共同編集ができる。Google の授業支援ツール Google Classroom を利用することで，課題の配布・フィードバック・採点・返却・集計を一元管理することができる。

6　オンライン授業と GIGA スクール構想

　義務教育段階において全学年の児童一人一人がそれぞれ情報端末を持つという目標が，2020 年度へ前倒しされたのは，予期せぬコロナ渦によるものでした。

　2020 年 2 月 27 日，安倍晋三首相（当時）は，新型コロナウイルスの感染拡大を受け，3 月 2 日から全国全ての小・中学校，高校などについて，春休みまで臨時休校とするよう要請しました。

　臨時休校が始まると，教師の家庭訪問などの取り組みと同時に ICT を活用した授業の必要性が高まり，さまざまな取り組みが全国で展開されるようになりました。オンライン授業とは，インターネットを介して学習を行うことです。オンライン授業の方法と

して，「同時配信授業」「オンデマンド授業」「ブレンド型授業」「ハイフレックス授業」があります。

同時配信授業は，教員が学校や自宅から，Zoom や Microsoft Teams の会議室・Google Meet などを使って生で行う授業です。学習者は，自宅等で配信された授業に参加し，必要に応じて意見を述べたり質問したりすることができます。

オンデマンド授業は，教員が Microsoft PowerPoint 等で作成した資料や動画をインターネット上に保存し，学習者が一定の期限内の都合のいい時間にアクセスして学習し，課題があれば指定された方法で提出する授業です。

ブレンド型授業は，同時配信授業やオンデマンド授業，対面式授業などを，授業の目的や期待する学習効果を考えて授業ごとに方法を変えて実施します。

ハイフレックス授業は，同じ内容をオンライン授業と，対面授業で同時に実施します。

GIGA スクール構想で児童一人一人がそれぞれ情報端末を持つことになれば，休校の時でもオンライン授業を行う条件が一つ満たされることになります。また，児童が機器の使い方を身につけることでオンライン授業に参加するスキルを身につけることにもなります。

しかし，家庭のインターネット環境は様々で，機器があればすぐにオンライン授業に参加できるわけではありません。また，機器を持ち帰ることは，セキュリティの問題や情報モラルの問題から簡単に許可されるわけではありません。

文部科学省の「GIGA スクール構想」基本的な考え方～総論編①～令和 2 年 2 月 20 日時点には，「Q15 本事業で整備した端末を，児童が家庭等に持ち帰ることはできるのか。A15 各自治体・学校の判断になります。その際，情報セキュリティや有害情報へのアクセス制限，家庭間の公平性等の配慮が必要です」と書かれていて，持ち帰ることが前提とはなっていません。

7　プログラミング教育と GIGA スクール構想

2020 年度から小学校でも導入されているプログラミング教育のねらいは次の 5 点です。

① プログラミングが，身近な生活の中で果たしている役割について理解させる。
② コンピュータを使わないプログラミング教育も含めたプログラミング体験を通して，プログラミング的思考を育てる。
③ 学習の基盤となる資質・能力の一つである情報活用能力を育てる。

④　コンピュータをよりよき人生や社会づくりに生かそうとする心情を培う。

⑤　キャリア教育の一環として，パソコンを主体的に利活用する力を育てる。

　ここでいう「プログラミング的思考」にはさまざまなものがありますが，小学校で児童に意識させながら指導できるものには次のようなものがあります。

①　「シーケンス」・・・目的を達成するための手順を明確にすること。

②　「ループ」・・・・・手順のまとまりを繰り返すことを意識させること。

③　「条件分岐」・・・条件によって組み合わせを変えること。

④　「デバッグ」・・・・シーケンスを見直すなどして間違いを修正すること。

　プログラミング的思考の指導を，これまでの思考に関する指導と比較すると次のような特色があります。

①　プログラム作成後，ねらいどおりに動くかどうか試すことで，思考の結果が正しいかどうかが即時にわかる。

②　プログラムの確認をすることで，思考の過程を確認し，修正したり変更したりすることができる。

③　基本を学んだあとは，個別に発展的な学習に取り組むことができる。

④　キャリア教育の視点で考えると，仕事をする上で必要性の高い技能の取得につながる。

⑤　現代社会に不可欠なパソコンを，より積極的に利活用するためのプログラム作りにつながる。

　一年前に，学校にあるパソコン教室を利用してプログラミング教育が始まったばかりですが，１人１台の機器が実現したことで，プログラミング教育が加速度的に進むことが期待されます。

　＊プログラミングについては，拙著『小学校プログラミング教育の考え方・進め方』（黎明書房）をお読みください。

第2章
1人1台情報端末でできること

1 子どもの学びがどう変わるのか

　GIGAスクール構想で，1人1台の情報端末時代が始まりました。今までも情報端末を使った授業は行われてきましたが，学校に一室あるパソコン室での授業や，教室にある数台のパソコンを活用した授業だったので，状況が大きく変わりました。1人1台の情報端末になったことで授業はこれからどう変わるのかを真剣に考えなければ，整備に使われた多大な予算が大いなる無駄遣いになってしまう可能性があります。

　1人1台の情報端末で期待できる子どもの学びの変化をまとめてみました。

① 情報検索の対象が広がる

　情報検索は，これまで主に辞典や図鑑などの書籍を中心に行ってきました。日常的にコンピュータを使って検索を行うと何が変わるのでしょうか。

・情報源が増えます。複数の国語辞典で検索するなど多様な情報から情報を選択できるようになります。写真や動画を探すことも可能です。複数の情報源を比較することで，情報の確かさを確認しやすくなります。

・最新の情報を検索できます。書籍に比べると更新頻度が多いのがインターネット情報です。昨日発表された情報も検索対象になります。

・検索の方法が多様になります。音声や手書き文字でも情報を検索することができるようになります。あいまいな情報からの検索もこれまでより容易になります。信頼できる情報を見極める力が必要になります。

・検索した情報を自分の学びに生かしやすくなります。文字，写真，動画などを自分の資料の中にそのまま，または加工して挿入することが容易になります。

② 学習教材が豊富になる

・印刷物の教科書や書籍が中心だった学習教材に加えて，電子書籍，ウェブ上の文献，写真，音声などが学習教材として使用しやすくなります。

③ 情報共有が当たり前になる

・教師と子ども，子ども同士で，文章や図，グラフ，写真などのやりとりが容易になります。

・教室外の人と，文章や図，グラフ，写真などをやりとりすることが容易になります。

・外部の人に自分や協同で作成した作品を公開することが容易になります。

④ 協同学習の形が多様になる

・情報共有が容易になることで，クラスの友だちや外部の人と話し合ったり，共同で作業を行ったりすることが容易になります。外部の人とリアルタイムでの協同作業も可能になります。

⑤ 情報処理が容易になる

・Microsoft Exel などの情報処理ソフトを使うことで，調査したことを整理しやすくなります。

・Microsoft Forms などのソフトなどでアンケートを行うことで情報処理が容易になり，目的に応じて様々な種類の図表で表現できるようになります。

⑥ 自己表現の方法が多様になる

・自分の伝えたいことをパワーポイントなどのプレゼンテーションソフトで効果的に伝えることが容易になります。

・伝えたいことを文字・図・表・アニメーション・音声・動画などで表現することが容易になります。

⑦ 思考力と判断力が可視化される

・自分の考えを思考ツールを使うなどして拡散したり収束させたりすることができます。

・課題設定から課題解決までの記録が保存しやすくなるので，振り返りながら思考・判断することが容易になります。

⑧ 学びのポートフォリオが蓄積される

・小学校6年間，中学校3年間と継続した学びの記録をクラウドや本体に保存でき，検索することが容易になります。

・記録されたものを活用することで，過去の学びを新しい課題を解決する時に生かしやすくなります。

⑨ 情報モラルに敏感になる

・インターネットに接続した情報端末を使うことで，必要とされる情報モラルについて体験しながら学ぶことができます。

⑩ 個別学習が充実する

・情報端末が1人1台になり，情報検索が容易になり，学習教材が多様になることから，個人で学習に取り組みやすくなります。

・個別学習に適したウェブやアプリを使うことで，個別学習に取り組みやすくなります。

プラスα オンライン学習に慣れる

・情報端末を利用した学習をすることで，オンライン学習に対応できるスキルが向上します。

2　児童の主体的な学びをめざす授業づくり

①　教師が率先して活用する

指導する教師が情報端末利用の良さを知り，積極的に活用して使用方法に慣れておくことが大切です。たくさんの失敗を経験することが，子どもたちへの適切な指導助言につながります。情報教育に詳しい同僚や専門の支援員に協力してもらう場合でも丸投げをすることは避けましょう。

②　時間を保証する

情報端末に慣れるまでは時間がかかります。しかし，これまでのようにパソコン室に行って使用するのではなく，一人一人のすぐ近くにあるのです。一度の利用で多くを望まず，少しずつ慣れていくように，またトラブルにも対応できるように，余裕のある時間設定を心がけましょう。

③　成果発表を保証する

児童に，学習したことをどう発表するのかという見通しを持たせることが大切です。発表には，ウェブ上での作品を使っての口頭発表，ウェブ上の作品を見てもらう展示発表，口頭発表と展示発表を複合した発表などがあります。また，発表対象も，グループ，学級，外部へなど多様になります。学習のねらいに合った発表方法と対象を考えて，学習計画を立てましょう。

④　成果は評価する

成果発表を保証するだけでなく，成果を評価することも大切です。評価には，教師からの評価だけでなく，友だち同士の評価も取り入れましょう。学習に対して評価されることで，学習の振り返りが充実し，次の学びへの意欲も高まります。

評価のタイミングと方法を，指導計画に書き入れましょう。

⑤　保存指導を徹底する

学習成果物は，データや印刷物など適した方法で保存することが大切です。入学から卒業まで保存することが可能です。学校の ICT 担当教諭が中心になって年度末年度初めの引き継ぎをていねいにしましょう。

⑥　情報モラルを常時指導する

インターネットのモラル指導は道徳の授業も含めて計画的に進めることが大切です。児童と保護者に対しても，早い段階での指導と情報の共有を行いましょう。トラブルを予測して指導を行うことが大切です。（p.89 のコラム参照）

⑦　教師間で情報を共有しよう

学習成果や指導技術を学級内にとどめず校内の教員で共有しましょう。簡単なマニュアルを添えると情報端末活用が苦手な教師も取り組みやすくなります。

3　インクルーシブな視点を大切にする授業づくり

令和元年 12 月 5 日に閣議決定された『安心と成長の未来を拓く総合経済対策』のなかで GIGA スクール構想について，次のように述べられています。

「特別な支援を必要とするなどの多様な子供たちを誰一人取り残すことのない一人一人に応じた個別最適化学習にふさわしい環境の整備」

では具体的には何を大切にするといいのでしょうか。

①　アセスメント（実態把握）を重視しましょう

特別な支援を必要とするなど多様な児童に対して，教師の思い込みで配慮することは避けましょう。複数の教員による行動観察や各種検査によるアセスメントを行い，配慮事項を含めた情報端末活用の指導計画を立てることが必要です。困ったときは，特別支援コーディネーターと相談し，特別支援教育と情報端末活用に詳しい外部専門家と相談しながら，情報端末の文字表示の大きさや明るさの調整，教育的な価値が高いと思われるソフトやアプリの導入などを進めましょう。

②　マニュアルを常備しましょう

よく使うソフトやアプリについては，マニュアルを備えることが必要です。情報端末上の画像と言葉が明示されているマニュアルが役に立ちます。既成のマニュアルを活用しつつ，必要によってはオリジナルのマニュアルを作成して，困った児童がいつでも見ることができるようにします。児童がわからなくなったときに教師がマニュアルを一緒に見て助言することで，少しずつ自分で解決する習慣を身につけさせます。

③　新しい情報に接しましょう

特別な支援が必要な学び手のため情報端末を最適化したり，障がいに応じたソフトやアプリを活用したりすることが大切です。情報共有に努め，実態に合わせて常に見直しを行いましょう。フェイスブックでは，情報端末ごとに，1 人 1 台情報端末の活用を研究実践するグループがあり，具体的な情報交換が活発に展開されています。

Microsoft Teams・Google Classroom・Zoom などのオンラインシステムは，頻繁に改良され，使い勝手が良くなったり新しい機能が追加されたりしています。最新の情報が届くよう定期的にホームページを見て授業改善に役立てましょう。

4　失敗しないオンライン授業づくり

①　情報環境のアセスメントから始める

学び手のインターネット環境，機器環境，情報機器スキルを初期段階で把握することが大切です。もしオンラインでの授業に対応できない児童がいる場合には，機器の貸し

出しなど可能な対応策を学校規模で検討する必要があります。

② 危機管理を徹底したうえでトラブル対応に備える

　インターネットが接続できない，元の画面に戻れない，警告が出てどうしたらいいかわからない等々，オンライン学習には，さまざまなトラブルがつきものです。事前に，もし……の時はどうするのかを学習者に伝えておくと解決が早くなります。

　Zoom がうまくつながらないときは，一度ログアウトして，再度ログインするとか，ミーティング ID とログインパスワードを使ってログインするとか，電波の強い場所に移動して再度接続する，どうしてもうまくいかないときはメールで送られた課題を勉強してレポートを先生に送るなどの，対応策を決めて伝えておくと児童も保護者も安心できます。

③ 余裕のある計画を立てる

　あまり細かい計画だとトラブルに対応できません。通常の授業より，時間的に余裕のある計画を立てることが大切です。

④ 慣れる時間を大切にする

　遠隔授業で使う基本のソフトについては使い方をパターン化し，慣れるための時間を十分にとることが必要です。なるべく，対面式で授業ができる時に，オンライン授業につながる授業を練習も兼ねて行うことが大切です。

⑤ グループ活動を大切にする

　対面式でも同じですが，一方的な講義スタイルの授業にならないように，変化のある授業づくりを計画しましょう。Zoom や Microsoft Teams のブレイクアウトルームのように，グループに分かれて活動する時間を計画的に取り入れます。

　Microsoft Whiteboard や Jamboard のような共有画面を活用すると，一緒に学んでいることが実感できるだけでなく気分転換にもなります。

⑥ 個別指導も大切にする

　オンライン学習の特質を生かすと，対面式とは異質の個別指導が可能になります。オンデマンド式では，個別に課題を設定することが可能です。Microsoft Forms などを活用すると，個々の理解に合わせて資料を提供することも可能です。Zoom ではチャット機能を利用すると個別の指導にも対応できます。可能な範囲内でできることは多々あります。

第3章
GIGAスクールで変わる授業づくり50事例

【凡例】

対応情報端末⇒「Chromebook」「Windows」「iPad」の中で実践可能な端末。

想定対象⇒実践可能と想定する学年「低学年から」「中学年から」「高学年から」。

使用するソフト例⇒例示で使用したソフトや同様な実践が可能なソフト。

子どもの学びとの関係⇒第2章の「1　子どもの学びがどう変わるのか」（p.14）に示した10の項目で特に関連があるもの。（項目は下記のとおり）

① 情報検索の対象が広がる	② 学習教材が豊富になる
③ 情報共有が当たり前になる	④ 協同学習の形が多様になる
⑤ 情報処理が容易になる	⑥ 自己表現の方法が多様になる
⑦ 思考力と判断力が可視化される	⑧ 学びのポートフォリオが蓄積される
⑨ 情報モラルに敏感になる	⑩ 個別学習が充実する
プラスα　オンライン学習に慣れる	

授業例⇒例示した実践の学年，教科，単元等。

学習の流れ⇒情報端末を利用する部分の授業例。

　　　　　　［○○○］は，○○○をクリックする。

主体的な学びを実現するためのポイント

　　　⇒学び方を身につけることを意図した指導のポイント。

インクルーシブな視点を重視した授業づくりのポイント

　　　⇒授業に参加することが難しい児童や障がいのある児童への指導のポイント。

実践アイディア⇒他の実践例や技術的な情報。

1 検索力を上げよう

対応情報端末	Chromebook・Windows・iPad	想定対象	低学年から
使用するソフト例	Bing や Google，Microsoft PowerPoint（Google スライド）		
子どもの 学びとの関係	① 情報検索の対象が広がる		
	⑩ 個別学習が充実する		

授業例 | 5年・理科　　電磁石の性質

学習内容

電磁石とわたしたちの生活について調べて，友だちに紹介する。

学習の流れ

1 （教師）電磁石とわたしたちの生活について，教科書を参考にしながら，インターネットの文字検索機能を使って調べましょう。

2 （教師）インターネットで検索する方法には，いくつかの方法があります。今日は，文字検索を練習しましょう。文字検索では，調べたいことをなるべく短い言葉で表します。この短い言葉を「キーワード」と呼びます。

・AND 検索

　複数のキーワードとキーワードの間にスペースを入れて検索すると，入力した複数のキーワード両方に関係のある Web サイトのリストが表示されます。キーワードの数を三つに増やすと，より調べたいことに近い情報が表示されます。

・意味検索

　用語の意味や定義について調べるときは，調べたい用語に「とは」をつけて検索してみましょう。言葉そのものの意味に近い Web サイトが表示されます。

---

3 （教師）知りたいこと，調べたいことが決まったら，キーワードを書き出してみましょう。必要な情報を見つけたら，大事なことをコピーして Microsoft PowerPoint に貼り付けましょう。調べた Web サイトのタイトル，公開している団体などの名前，URL，調べた日付を記録します。

4 （児童）調べたいことをキーワードにして書き出し，AND 検索，意味検索を使って文字検索し，Microsoft PowerPoint にまとめる。

AND 検索例

（電磁石　リニアモーターカー）（モーター　身の回り品）（電動　車椅子　電磁石）
（電磁石　商品）（電磁石　商品　宇宙）

意味検索例

（電磁石とは）（バイブレーションモーターとは）

5　（児童）調べたことを Microsoft PowerPoint で発表する。友だちの発表を聞く。

6　（児童）AND 検索，意味検索をして気がついたことを発表する。

主体的な学びを実現するためのポイント

・幅広い情報が必要な時，より細かい情報が必要な時には，自分の調べたいことを明確にすることで検索の精度が高くなります。

・調べたいことを書き出して，キーワードを決める，検索する，検索結果から新たな課題を見つけるの繰り返しの中で，自分で見つけた情報を分析する力と課題を解決する力が伸びます。

インクルーシブな視点を重視した授業づくりのポイント

・自分の課題が明確ではない子どもには，試しにいろいろなキーワードを書き出して，検索してみることを勧めます。

・試行錯誤が大切なことを伝えたいので，なかなか検索できずに困っている児童には，「とりあえずやってみて考えよう。壊れないから。何度でもやりなおすことができるよ」と声をかけて，試すことに慣れさせます。

実践アイディア

・最初は，簡単なクイズを出して，検索する練習をします。例えば，「マレーシアの首都は？」とクイズを出して，自由に検索させます。

　「マレーシアの首都」「マレーシア　首都」などで答えを見つけさせます。もともと答えを知っている児童は「クアラルンプール」で検索して確認するかもしれません。正解にたどり着いた児童の検索方法を共有します。

・国語の授業での実践アイディアです。一つの言葉を検索サイトで検索すると，いくつかの表現の異なる説明が表示されます。

　子どもたちに，その中から一番わかりやすいと思った説明を発表させます。次に，全員に発表された意味のなかから一番理解できたと思った説明に投票させます。同じ言葉の説明でも表現の仕方にはいろいろあることや，自分が理解できる説明ができるまでいろいろな方法で調べることが大切だということを教えることができます。また，出典を記録することの大切さも伝えることができます。

・Webサイトの検索は，キーワード検索が主流ですが，分類されているジャンルから選択して調べるカテゴリー検索もあります。

　カテゴリー検索で児童向けに作られているものには「Yahoo! きっず」があります。使用させる場合は，情報モラルの指導をした上で，目的に応じて指導します。

・使いやすいWeb上の国語辞典，漢和辞典，ことわざ辞典，人名辞典などを子どもたちに見つけさせ，登録させたり，ノートにメモさせたりすると，検索がより楽しく感じるようです。

・Web上の情報は，正しいものだけでなく不正確な情報や前は正しかったけれど情報が古くなり現在は間違っている内容になっているものなどがあり，全てが信頼できるわけではないことを指導することが大切です。

　活字になっている情報のWeb版，自治体・公共団体・新聞社のWebサイト，大学等正規教育機関のWebサイトなどは信頼性が高いことを教えます。

2　写真から検索しよう

対応情報端末	Chromebook・Windows・iPad	想定対象	低学年から
使用するソフト例	Bing や Google，Microsoft PowerPoint（Google スライド）		
子どもの 学びとの関係	① 情報検索の対象が広がる		
	⑩ 個別学習が充実する		

授業例 ｜ 2年・生活科　　校庭の花を見つけよう

学習内容

校庭に咲く花の図鑑をみんなで作る。

学習の流れ

1　（教師）校庭で見つけた花を調べて，琉球小学校花の図鑑を作りましょう。今から 25 分間，校庭でいろいろな花の写真を撮ってきましょう。なるべく花を大きく撮りましょう。撮った後でぶれずに撮れているか確認を忘れないでね。

2　（児童）花の写真を撮ったら教室に戻り，図鑑で花の名前を調べパワーポイント一枚に一つの花の写真と名前，気になる情報を記録する。

3　（教師）図鑑で名前を見つけられない花もありましたね。今日は，写真を使った検索を練習しましょう。

・Bing を開いてください。

・画像を使用して検索するカメラの形に見えるマークをクリックしましょう。

・花の写真を，指定された場所にドラッグしましょう。

・検索結果を見てください。同じ花の写真があれば，名前がわかります。名前で検索して，気になる情報を選んで Microsoft PowerPoint のスライドに書きましょう。

4 （児童）花カードができあがったら，名前を書いて，先生と共有する。

5 （教師）全員のカードをまとめて校庭の花図鑑を完成させる。

主体的な学びを実現するためのポイント

・花の写真を撮り，図鑑で見つけられなかった時は，情報端末を使い写真検索すると似た外見の花を見つけることができます。この方法で何度か調べる経験を積むことで，写真を使って自分で検索することができるようになります。

インクルーシブな視点を重視した授業づくりのポイント

・視覚優位な子どもにとって，写真をもとに物を調べることができる機能は便利なので使いこなせるように練習させます。

実践アイディア

・花から植物の名前を調べる時に精度が高いのが iPad アプリの PictureThis（有料・Glority Global Group Ltd.）。子どもたちが名前を調べられなかった植物があるときは，教師が最後の手段として使用するのがおすすめです。

・Google の画像検索でも同じような機能が使えます。Google を開いて，右上の［画像］をクリックし，Google 画像検索を開きます。［カメラマーク］をクリックし，情報端末内に保存した写真をアップロードすると，写真検索の結果が表示されます。

　［マイクマーク］をクリックして，マイクを使用可能にし，調べたいことを話すと一瞬で検索して結果が表示されるので，植物の名前から調べることができます。

・スマートフォンの Google レンズを使うと，植物や動物の種類を特定できるだけでなく，文書をスキャンして文字データにしワードなどに貼り付けて使用することができますし，英語に翻訳することもできます。子どもたちに，最新の技術として紹介します。

3 身近な情報を検索しよう

対応情報端末	Chromebook・Windows・iPad	想定対象	低学年から
使用するソフト例	Google や Bing		
子どもの 学びとの関係	① 情報検索の対象が広がる		
	⑩ 個別学習が充実する		

授業例　2年・生活科・総合的な学習など　　**検索の学習**

学習内容
情報端末で身近な情報を調べる。

学習の流れ

1　（教師）自分用の情報端末を使って身近な情報を調べてみましょう。

文字検索でも音声検索でもいいですよ。よく調べることは何ですか？　いろいろ出してみましょう。

2　（児童）

「時刻を知りたくて時計やパソコンの画面を見ます。」

「どこかに行くときに地図を調べます。」

「天気予報を調べます。」

「言葉の意味を調べます。」

「英語をどんな意味か調べます。」

「お父さんは，料理の方法をよく調べます。」

「郵便や宅急便の料金を調べます。」

「社会ではじゃがいもの生産量ランキングを調べたことがあります。」

「お母さんは飛行機の代金をよく調べています。」

「好きな歌手のコンサートを調べます。」

3　（教師）いろいろ出ましたね。このなかで，よく調べると思うものを三つ選んで手を上げてね。

4　（教師）多い方から三つは天気，時刻，地図でした。みんなで調べてみましょう。

5　（児童）いろいろな方法で調べる。調べた結果がいろいろ出てくるので，近くの子どもとどれがいいか比較する。それぞれに特色があり，一概にどれがいいとは言えないことがわかってくる。

・「earth」のように，地球の風，天気，海の状況地図を視覚的に理解できるように表

現するホームページなどを見つける。https://earth.nullschool.net/jp/

・時計も、端末に表示されている時刻で満足している子どももいるが、日本標準時のサイトを見つけたり、世界の現在時刻がわかるサイトや、アプリでNHKのニュース前に表示される時計を見つけたりする。地図も多種多様で、それぞれの特色に気づかせます。

準時

構は日本標準時を決定・維持しています。
「NICT インターネット時刻供給サービス」のJSON形式時刻情報を取得し、こ
cript プログラムで各種の時刻を表示しています。　（時刻取得結果の表示）

時刻情報取得状況：　良好

- -

サーバから供給された時刻
): 2021/07/16 15:10:59
): 2021/07/16 06:10:59
): 2021/07/16 06:11:36
き: 2021/07/16 15:10:59

6 （教師）それぞれ一番いいと思ったウェブサイトの名前・アドレス・特徴をまとめて先生にメールで送ってください。

主体的な学びを実現するためのポイント

同じことを調べても、いろいろな情報があり、それぞれに特色があることがわかるようになります。いろいろな情報から、必要な情報を見つけ出す力を伸ばします。

インクルーシブな視点を重視した授業づくりのポイント

調べて満足している子どもも多いので、調べたことを理解して自分の言葉でメモする習慣を身につけさせます。文字の大きさは調整できるので見づらい児童には調整の仕方を教えます。

実践アイディア

・校外学習や遠足など、天気が気になる行事の前に天気予報をそれぞれ調べ、結果をラジオの天気予報のように言葉で説明します。モデルとしてラジオの天気予報を聞く機会を設定します。天気予報を伝えるウェブサイトによって予報や説明が異なることにも気づかせます。

・高学年では、台風が近づく可能性があるときに、世界の台風予報を調べて、実際の台風の動きと比較させます。台風の名前の付け方や季節による台風の動きの変化なども学ぶことができます。

4　手書きで入力しよう

対応情報端末	Chromebook・Windows・iPad	想定対象	中学年から
使用するソフト例	Google ドキュメント（Microsoft Word）		
子どもの 学びとの関係	①　情報検索の対象が広がる　　⑤　情報処理が容易になる ⑩　個別学習が充実する		

授業例 | 全学年・国語　　**文字入力の学習**

学習内容

　　手書き入力に挑戦する。

学習の流れ

1 （教師）文字を入力する方法には，どのような方法がありますか？

2 （児童）「キーボードで入力します。」

「音声での入力も便利です。」

「ペンで書く方法もあると思います。」

「手書きもできるそうです。」

3 （教師）よく知っていますね。今日は手書きで書いてみましょう。

　　いつも使っている，文章作成用の Google ドキュメントを開いて，画面右下のキーボードをクリックすると，手書きのスペースが現れます。自分で好きに文を入力してみましょう。

※ Chromebook の場合，時刻表示をクリック‐［キーボード］‐［設定歯車マーク］‐左側［ユーザー補助機能］‐［ユーザー補助機能の管理］［画面キーボードを有効にする］で設定終了。Google ドキュメントを開いて，デスクトップに表示された［キーボード］をクリックすると手書き入力が可能になります。

クリックすると手書き入力ができる。

4 （教師）入力が終わったら，正しく入力できているか確認しましょう。

　　手書きもいいなあという声が聞こえました。思ったより楽でしたか。手書きだと便利な時があります。どういう時でしょうか。

5 （児童）「読めない漢字を入力したいときに便利だと思います。」

「キーボードでの入力が苦手な人も使いやすいかも。」

「ちょっとしたメモならしやすいかもしれません。」

6 （教師）どれも正解です。せっかくだから，難しい字が入った文章を入力してみましょう。入力できる準備をしてください。

※「薔薇の蕾を見つけました。」をモニターに大きく拡大して掲示する。

7 （児童）難解な文字を苦労して手書きで書いて，候補が現れたら選択して入力する。

主体的な学びを実現するためのポイント

　読むことのできない漢字の入力方法には，部首検索や写真検索などの方法がありますが，手書きで入力する方法も知っておくと便利です。情報端末の種類によっては手書き入力ができませんが，教師の機種などを使って紹介します。

インクルーシブな視点を重視した授業づくりのポイント

　障がいの特性によって，音声入力や視線での入力などさまざまな入力方法が使われていることを動画や写真などを使って紹介します。

5 Google Earth で場所を確認しよう

対応情報端末	Chromebook・Windows・iPad	想定対象	低学年から
使用するソフト例	Google Earth（地球儀を4人に1台程度用意する）		
子どもの 学びとの関係	① 情報検索の対象が広がる　　② 学習教材が豊富になる		
	③ 情報共有が当たり前になる		

| 授業例 | 6年・社会　　**世界のなかの国々**

| 学習内容 | 学習で登場した国を Google Earth で検索して位置を確認する。

学習の流れ

1（教師）教科書にグランドキャニオンが出ていますね。グループで，地図帳と地球儀を使ってグランドキャニオンを探しましょう。

2（児童）アメリカ合衆国の地図から探すがなかなか見つからない。地図帳の索引に気がついた子どもが見つけ始める。見つけた子は，班の友だちに紹介した後，ヒントが欲しいと手を上げる他班の友だちに，ヒントを出す。

3（教師）テレビ番組などでもよく使われている，Google Earth を使って，グランドキャニオンを検索してみましょう。

4（児童）初めて Google Earth を使う子どもは，地球全体が見えている画面から地上の光景になるにつれて声を出して感激している。グランドキャニオンにたどり着くと迫力のある風景に見入る。

5（教師）グランドキャニオンを見つけましたね。グランドキャニオンは世界を代表する絶景の一つだと言われていますが，Google Earth の設定を工夫して，絶景だということがよくわかるようにしましょう。

6（児童）自由にいろいろ試し，グランドキャニオンの迫力がよく伝わる設定を探す。

7（先生）いい設定を見つけましたか。

「3D にするとすごいです。迫力があります。」「ストリートビューも面白いです。地上の道路を車で走っているような気分になれます。」

それでは，しばらく「3D」と「ストリートビュー」で，グランドキャニオンを旅してみましょう。

8（教師）Google Earth では，みんなの琉球小学校から，グランドキャニオンまでの

距離を知ることもできます。どうしたらいいでしょうか。

Google Earth

9（児童）「距離と面積を測るためのポイントを示すマークがありました。」
具体的な方法を大画面に写し操作して共有する。

> 地名で検索することができます。
>
> 「Voyager」，テーマのある旅を楽しむことができます。
>
> 「I'm feeling lucky」，偶然の場所に飛んでいきます。
>
> プロジェクトをつくることができます。
>
> 地図の表示設定を変えることができます。
>
> 距離や面積を測ることができます。

10（教師）ノートに，今日学習したことを，キーワードを赤い文字にして記録しましょう。

主体的な学びを実現するためのポイント

学習で地名が出てきたときには，地図，地球儀，そして Google Earth で調べることを習慣にします。場所を調べるには，いくつかの方法があることを実感させ，一つの方法で満足せず，複数の方法を知っていて，目的に合わせて選択できるようにします。児童が発表するときにも，視覚に訴える資料として使いやすいアプリです。

インクルーシブな視点を重視した授業づくりのポイント

　キーワードや調べる手順を記録に残すノートを一冊作ると，学習したことが次の学習につながりやすくなるので便利です。

実践アイディア

- ・社会科で，Google マップや Yahoo! 地図などの地図アプリを使って，学習する地名を検索して場所を確認したり，二地点間の距離を測ったりするのに便利です。
- ・地図帳，地球儀，地図アプリと分担して，特定の場所を早く見つけるゲームをします。3 人組で順番に担当を変えてみると，それぞれの長所短所がわかります。
- ・Google Earth の［I'm feeling lucky］をクリックすると，世界中のどこかに偶然飛んでいきます。何度かクリックして，気に入った場所が決まったら，その場所について少し調べて，班で紹介し合います。
- ・特定の場所に行く旅行計画を立てさせます。航空機やバスの時刻表も調べて，例えば鹿児島から北海道の礼文島まで往復する旅行プランを立ててまとめるプランを作ります。
- ・写真をもとに写真の場所を Google Earth　で探します。例えば，右の写真の場所を，二つのヒント「世界遺産であること」「アジアであること」をもとに見つけます。誰も見つけられないときは，カンボジアという追加のヒントをもとに検索してアンコールワットの遺跡を見つけます。Google Earth でアンコールワットを検索すると同じ建物の写真を見つけることができます。

子どもたちは情報端末を
一文房具として使いこなしていく

　2021年7月，沖縄県宮古島市で2人の先生の授業を参観した。宮古島教育研究所平良善信所長の依頼で，研究所の長期研究員2名の指導を引き受けているからだ。

　砂川睦紀指導主事の案内で訪れた教室は，わたしが29年間勤務した学校とさほど変わらない光景に見えたが，大きな違いがあった。1人1台の情報端末が用意されていた。

　平良第一小学校（佐久本聡校長）では，上村俊介教諭が，算数科「単元・水のかさの単位」の授業を行った。

　数学的な見方・考え方を働かせ主体的に学ぶ児童の育成をICT活用を通して実現しようとする授業では，Google jamboardに算数の見方・考え方を掲載し児童が閲覧できるようにする，jamboardに問題に対する個人の答えと考え方を書き全体で共有する，ふりかえりをGoogleクラスルームのストリームに記入するというように，1人1台の情報端末が活用されていた。

　jamboardに全員の意見が表示され学びの共有が行われるのはいいが，リアルタイムで書き込まれる友だちの意見に影響を受け意見を変える少数派の子どもたちがいたことなど，今後の研究実践につながる課題も明らかになる検証授業となつた。

　久松中学校（垣花秀明校長）では，與那嶺誉代教諭が，理科「身のまわりの物質とその性質」の授業を行った。

　対話的な学びにより課題解決をする生徒の育成を目指す授業をICTの活用を通して実現しようとする授業では，Googleスライドにグループで実験結果を記入する，Googleスライドに故人・グループで考察を記入する，ふりかえりをGoogle Formsに記入するというように，1人1台の情報端末が活用されていた。

　ふりかえりをGoogle Formsに毎時間記入させることで，振り返りが蓄積され，学びの変容や成長を生徒自身が確認できることもねらいとしている。他グループの実験結果や考察を上手に取り入れた考察の書き方をどう指導するかなど，今後改善していく点も明らかになり充実した検証授業となった。

　2人の授業では，子どもたちが生き生きとして学びながら，文房具の一つとして情報端末を当たり前のように使っていた。授業が終わり，情報端末を教科書とノートに重ねて持ち運ぶ子どもたちには何の気負いも感じられなかった。教員生活29年の大半を，自前の情報端末でICT教育に取り組んできたわたしには夢のような光景だった。

6　写真を拡大して生き物を観察しよう

対応情報端末	Chromebook・Windows・iPad	想定対象	低学年から
使用するソフト例	写真アプリ，Google スライド・Microsoft PowerPoint		
子どもの 学びとの関係	① 情報検索の対象が広がる　　⑤ 情報処理が容易になる		
	⑩ 個別学習が充実する		

授業例　1年・生活科　　**生き物となかよくなろう**

学習内容
校内の生き物を写真に撮り，拡大して観察する。

学習の流れ

1 （教師）校庭にいる昆虫や魚の写真を撮ってきましょう。ぶれないように手をじっと止めて撮影しましょう。ぶれていたら撮り直しましょう。何種類撮ってもいいけど，後で記録するのは1人で二つの生き物です。

2 （児童）それぞれ校庭で撮影する。校庭の生き物なら何でも撮っていいことになっているので，アリ，カマキリ，ウサギ，トカゲなどを撮る子どももいる。決められた時刻になったら教室に戻ります。

※情報端末で教室に帰る時刻にタイマーをセットしておくと便利です。

3 （教師）自分の撮った生き物のなかから二つ決めて，写真を拡大して詳しく観察しましょう。

4 （児童）写真を拡大するなどして観察し観察カードに気がついたことをメモします。

5 （児童）生き物カードに使う写真を選んで，写真上で右クリックして，[画像をコピー] し，Google スライドや Microsoft PowerPoint の新しいプレゼンテーションを開いて貼り付けます。

6 （教師）2枚のカードに生き物の写真と名前や紹介したいことを書きましょう。

| キノボリトカゲ | かずむ |

みつけたところ
大だな小学校の門のちかく

ぜんしん　でこぼこしています。

ゆびは　とても　ほそくて　ながいです。

大だな小学校の　こうていで
ときどきみます。
きょうりゅうみたいで
かっこいいです。

主体的な学びを実現するためのポイント

　教室に生き物に関係のある図鑑を何種類か常に置いて，児童がいつでも調べられるようにしておきます。写真検索も必要な時に指導し，使えるようにしておきます。

インクルーシブな視点を重視した授業づくりのポイント

　昆虫が極端に苦手な子どもがいる時は，池の魚や飼育している動物でもいいと全体に伝えます。

7　Chrome Music Lab で音楽を楽しもう

対応情報端末	Chromebook・Windows・iPad	想定対象	低学年から
使用するソフト例	Chrome Music Lab		
子どもの 学びとの関係	②　学習教材が豊富になる　　⑥　自己表現の方法が多様になる ⑩　個別学習が充実する		

授業例　1年生・音楽　　音の世界を楽しもう

学習内容

コンピューターを使っていろいろな音を出して楽しむ。

学習の流れ

1（教師）Chrome Music Lab を開きましょう。

※事前にブックマークしておくと，時間がかかりません。

2（教師）リズムを楽しみましょう。

※説明しながら教師が実演する。

一番上の▲は，小さなおさるさんのトライアングル，真ん中の○は大きなおさるさんの右手でたたく太鼓，一番下の○は左手でたたく太鼓です。これを置いたり消したりします。決まったらスタートをクリックしましょう。

3（児童）自由に設定して演奏を楽しむ。慣れてきたら他に三つの打楽器の組み合わせがあるので，いろいろ試す。

4（教師）次は，みんなもカスタネットや木琴をたたいて，おさるさんたちと一緒にリズムをとりましょう。

5（児童）自分の設定したリズムに，自分も楽器を使って参加して演奏を楽しむ。友だちと一緒に合わせて演奏することもできる。

6（教師）ほかにもいろいろな音楽の遊びができるよ。いろいろ試しましょう。

7（児童）それぞれの感性に応じて選んだ実験を楽しむ。面白い遊びを見つけたら友だちと紹介し合う。

主体的な学びを実現するためのポイント

自分の創意工夫でさまざまなリズムを表現することができます。

インクルーシブな視点を重視した授業づくりのポイント

Chrome Music Lab の機能には，難しいものから比較的容易なものまで難易度に差があります。児童が，楽しいと感じたもの，使い方がわかったものを選んで個別に楽しみながら学習できるようにします。

実践アイディア

・Chrome Music Lab には，共有ピアノ・ソングメーカー・リズム・スペクトログラム・音波・アルペジオ・カンディンスキー・ボイススピナー・高調波・ピアノロール・発振器・文字列・メロディメーカー・和音の 14 種類が音の実験遊びとして準備されています。

・SHAREDPIANO（共有ピアノ）は，リンクを送るだけで最大 10 人が同時にピアノを演奏できます。

・VOICESPINNER（ボイススピナー）は，音を低速にしたり高速にしたり，また逆方向に低速にしたり，高速にしたりすることができます。

・KANDINSKY（カンディンスキー）は，線や円など絵画で表現したものが音に変わります。

　思い思いに線で表現し，スタートボタンをクリックすると表現した形が音楽になって楽しむことができます。

　左の三つの円から選んでクリックすることで音質を変えることができます。右の円をクリックすると最後に書いた線が削除されます。

8 再現が難しい実験を動画で記録しよう

対応情報端末	Chromebook・Windows・iPad	想定対象	低学年から
使用するソフト例	Jamboard，ビデオ機能		
子どもの 学びとの関係	② 学習教材が豊富になる		
	③ 情報共有が当たり前になる		

授業例 4年・理科　　水の温まり方

学習内容
水の温まり方を観察する実験を，代表児童が撮影し，全員で共有する。

学習の流れ

1 （教師）水の温まり方を実験で調べてみましょう。水の入った試験管に示温テープを入れて，試験管の底を熱します。水の温度はどう変化していくでしょうか。予想してみましょう。

2 （児童）予想図を書いて，班で共有した後で実験する。

班の1人が班の名前と「水の温まり方」の名前を付けた Jamboard を作成し，班の友だちと共有する。右上の［共有］から開いた画面で，同じグループの友だちを追加すると共有できる。自分の予想を付箋に書いて貼り付け，適切な大きさ

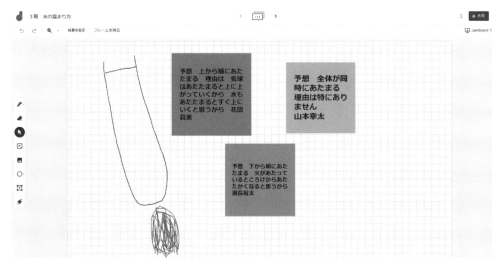

に調整する。左側にある をクリックすると付箋が現れる。班で付箋の色を決めておく。

※実験：水の入った試験管に示温テープを入れて，試験管の底を熱すると，示温テープの色が，上の方から下に向かって変わる。

　グループごとに撮影担当の児童が録画する。撮影された動画を班ごとに確認し，結果をそれぞれノートに記録する。

3（教師）水の真ん中あたりを加熱すると，水はどのように温まるでしょうか。予想してみましょう。

4（児童）予想図を書いて，班で共有した後で実験する。

※実験示温テープの色は，真ん中から上にと変わりそれから下に向けて変わる。

　グループごとに撮影担当の児童が録画する。撮影された動画を班ごとに確認し，全員が結果をノートに記録する。

5（教師）二つの実験からわかったことをまとめましょう。

6（児童）わかったことがあいまいな児童は，動画で再確認しながら，二つの実験の結果を予想と比較しながらまとめる。

7（教師）児童の発表をもとに意見をまとめる。わかりやすい動画を撮っていた班の作品を大画面に写して確認します。

主体的な学びを実現するためのポイント

　動画を根拠にして自分の意見をまとめることで，根拠をもとに意見を発表する大切さに気づかせます。

インクルーシブな視点を重視した授業づくりのポイント

　実験と学習のまとめがつながらない児童は，自分の端末で動画を見ながら確認することができます。当日欠席した児童もオンラインで視聴することができます。また試験前の復習や，学期末の振り返りでも動画で確認することができます。

実践アイディア

・実験の動画撮影は危険が伴うので，固定して撮影するか，少し離れた場所から撮影させます。はっきり写るかどうか実験前に試しの撮影をすることが大切です。実験中にやっていることや見えていることを解説担当の児童を決めて，解説付きの動画にする方法もあります。危険性の少ない実験や観察は，教室や理科室に限定せず，班と班の距離をしっかりととれる場所で行うと撮影がしやすいようです。動画の保存場所は，教科ごと月ごとのように分けておくと，後から検索しやすく便利です。

9 動画資料を必要に応じて参考にしよう

対応情報端末	Chromebook・Windows・iPad	想定対象	低学年から
使用するソフト例	ビデオ機能，Microsoft PowerPoint（Google スライド）		
子どもの 学びとの関係	② 学習教材が豊富になる		
	⑩ 個別学習が充実する		

授業例 | 5年・家庭科　　楽しい小物づくり

学習内容 | いろいろな縫い方を調べ，教科書や掲示物，動画も参考にしながら小物を製作する。

学習の流れ

1（教師）これまでに学習した玉結び・玉どめなどの技能を生かし，用具を安全に使って小物作りをしましょう。

2（児童）指ぬき，アイロンなど用具の扱い方と，製作の手順を教科書や掲示物を使って確認する。

3（教師）まず針の数を確認してから自分で計画を立てた小物の製作を始めましょう。

4（児童）縫い方が分からなくなったときには，教科書や掲示物，動画を情報端末で確認しながら製作する。

5（児童）製作した小物の写真を撮り，作品名と感想を Microsoft PowerPoint に書いてまとめる。

主体的な学びを実現するためのポイント

　動画を授業中に検索すると時間がかかるので，学習用に公開されているウェブサイトを事前に調べておきます。

　例えば，NHK for school（https://www.nhk.or.jp/school/）では，「さいほう用具の種類」「ぬう前の準備」「針の通し方」「玉結びと玉どめ」と 4 本の動画が「カテイカ」の「手ぬいでイカした小物作り」で公開されています。

　「針の通し方」では，55 秒の動画で，針に糸を簡単に通すポイントが紹介されています。「玉結びと玉どめ」では，ぬい始めに大切な玉結びと，ぬい終わりに大切な玉結びが 2 分 25 秒の動画でわかりやすく紹介されています。

　それぞれの動画へのリンクをコピーして，例えば Microsoft Teams なら「楽しい小物

づくり」のチャネルを作り，「さいほう用具の種類」(https://www2.nhk.or.jp/school/movie/clip.cgi?das_id=D0005390025_00000) のようにすぐリンクをクリックできるように投稿しておきます。授業中に一斉指導で見せることもできます。子どもが困った時に自分でクリックして学ぶこともできます。

　動画サイトで必要な動画を検索する指導を行うこともできます。例えば YouTube で「玉結び」を検索すると，「玉結びのやり方」「宇宙一わかりやすい結びの作り方，やり方」「絶対に失敗しない玉結びの方法」などが見つかります。動画の数が多くて迷うときは，探している内容に近いタイトルかどうか，動画再生回数が多いのはどれかを参考にして選ぶことを教えます。

　おすすめの動画は，チャネル内にタイトル・おすすめポイントを書いてリンクを紹介すると効率的です。

　授業内容に合う動画が見つからないときは，自作し youtube で公開する方法があります。家庭科では授業前に実際に見本を作成することが多いので，スマートフォンやカメラで手元を撮影するとお手本動画がすぐにできます。同僚と協力して作成すると見やすい動画になります。一般公開してもいいのですが，アドレスを知っている人しか見ることができない限定公開にするほうが気負わずに作成できます。

インクルーシブな視点を重視した授業づくりのポイント

　動画を見ても確認しづらい子どももいます。針の使い方など，何段階かに分けて，写真を撮影しておくと便利です。写真は Power Point などでスライドにすると，順番に少しずつ確認することができるので，ゆっくり自分のペースで作業に取り組むことができます。

　Ａ４の用紙に印刷してパネルにし，家庭科室に掲示するのもおすすめです。

実践アイディア

・子どもたちの情報端末を複数使って，情報端末ごとに「玉結びと玉どめ」「針の通し方」「さいほう用具の種類」と決めて，クリックすると動画が再生されるように準備しておく方法もあります。

・授業のまとめとして，子どもたちの説明入りの実演を写真や動画で撮影し，翌年使うこともできます。

10　感動した動画を紹介し合おう

対応情報端末	Chromebook・Windows・iPad	想定対象	高学年から
使用するソフト例	Microsoft Teams，YouTube		
子どもの 学びとの関係	②　学習教材が豊富になる　　③　情報共有が当たり前になる ④　協同学習の形が多様になる		

授業例 | 5年・国語　　**メディアリテラシー**

学習内容
感動した動画，大好きな動画を友だちに紹介する。

学習の流れ

1 （教師）みんなの好きな短い動画のリンクを先生に送るという宿題を出しました。先生も知っていて大好きな動画もありました。初めて見る素晴らしい動画もありました。みんなが選んだ動画について紹介するワークシートを情報端末に送ったので，わかる範囲内で書きましょう。

名前
動画のタイトル
動画の種類　　CM　MV　その他（　　　　　　　　　　　　）
製作された国
主な出演者
紹介したい理由   （参考）BGMや効果音，ナレーション，映像，テロップ，流し方

2 （教師）Microsoft Teams の
チャネル・大好きな動画に、
記入したワークシートと動
画へのリンクを貼りましょ
う。貼った後は、いつものよ
うに正しくリンクされてい
るか確認をしましょう。先生
もすぐ確認します。気になる
ことがあれば、修正しましょ
う。

3 （児童）確認して先生に伝える。

4 （教師）全員の確認が終わりました。友だちのおすすめ動画を見て、［返信］で友
だちに簡単な感想を書きましょう。ワークシートは参考にしましょう。

5 （児童）友だちのおすすめ動画とワークシートを見て、感想を書き込む。自分のお
すすめ動画に書かれたメッセージで気になることがあれば、質問したり質問に答え
たりする。

6 （教師）最後に、自分の投稿に返信する形で、友だちのおすすめ動画を見た感想
や、見る側に配慮しているところなど学んだことをメモ代わりに書き込みましょ
う。

主体的な学びを実現するためのポイント

　友だちのすすめる動画を、テロップの使い方、カメラの動かし方など製作者の視点で
見る体験をし、自分が動画を製作する時の参考にします。友だちの書いたワークシート
や感想を読むことで、自分の気がつかなかった視点についても追体験させます。

インクルーシブな視点を重視した授業づくりのポイント

　いろいろな条件の人を意識した動画作品についても紹介します。映画の動画に字幕が
ついている、ニュースに手話通訳がついている、いつも使っている情報端末の使い方に
ついてたくさんのわかりやすい動画が作成されているなど。児童から紹介されていない
時は、教師おすすめの動画として紹介します。

11　先生から課題と資料を受け取ろう

対応情報端末	Chromebook・Windows・iPad	想定対象	低学年から
使用するソフト例	Google Classroom，Google ドキュメント		
子どもの 学びとの関係	②　学習教材が豊富になる		
	プラスα　オンライン学習に慣れる		

授業例 ｜ 5年・国語　　**大造じいさんとガン**

学習内容

『大造じいさんとガン』の魅力についてまとめる。

学習の流れ

事前の準備

Google Classroom で自分の学級を開く－［授業］－［作成］－［課題］－タイトルを入力する－［作成］－［ドキュメント］これで Google ドキュメントが開くので，課題を作成します。

+ 作成

📄 課題

📄 テスト付きの課題

❓ 質問

📖 資料

🔁 投稿を再利用

無題のドキュメント ☆ ▱ ⌾
ファイル 編集 表示 挿入 表示形式 ツール アドオン ヘルプ　最終編集 11分前

琉球小学校5年2組　出席番号（　　）番　名前（
　　）

1　『大造じいさんとガン』を家族に紹介する文を書いてみましょう。300字から400字にまとめましょう。教科書本文を引用するときは、引用文を「」に入れましょう。
※1行が30文字の設定にしてあります。

2　あなたなら、『大造じいさんとガン』を短い言葉でどう紹介しますか。30文字から60文字の間で表現してみましょう。
※1行が30文字の設定にしてあります。

課題に対して児童が書き込めるように設定する必要があります。

生徒はファイルを閲覧可能：児童は先生から送られたファイルを見るだけしかできません。

生徒はファイルを編集可能：児童は先生から送られてきたファイルを共有して編集することができるので，数人で同時に編集する目的があればこれを選択します。

生徒はファイルを閲覧可能

生徒はファイルを編集可能

各生徒にコピーを作成

各生徒にコピーを作成：児童は先生から送られてきた自分専用のファイルを編集することができます。個別に課題を出すときはこれを選択します。

1 （教師）『大造じいさんとガン』の学習が終わりました。今日は，学習のまとめとして，『大造じいさんとガン』を家族に紹介する文を書いてみましょう。書き終わったら，『大造じいさんとガン』を短い言葉で紹介する課題にも取り組んでください。

　　Google Classroom でワークシートを送るので開いて始めましょう。

2 （児童）Google Classroom を開き，送られてきた課題に取り組む。全部書き終わったら Google Classroom で先生に送信する。

※児童から送られてきたファイルを開いて，赤ペンで書き込みをしたり，〇や×をつける評価を行ったりすることができます。評価が終わったら書き込んだ状態のファイルを個別に返すことができます。点数をつけて記録することも可能です。

主体的な学びを実現するためのポイント

表，グラフ，画像など様々な表現方法が選択できるので，課題に合わせて適した表現方法を考えて使う判断力を高めることができます。

インクルーシブな視点を重視した授業づくりのポイント

音声入力もほぼ正確にできるので，必要に応じて使うことができます。

12 優れた美術作品を鑑賞しよう

対応情報端末	Chromebook・Windows・iPad	想定対象	中学年から
使用するソフト例	Google Arts & Culture		
子どもの 学びとの関係	② 学習教材が豊富になる		
	⑩ 個別学習が充実する		

授業例 | 5年・図工　　鑑賞

学習内容
優れた作品を鑑賞して，自分が魅力に感じたことを言葉でまとめる。

学習の流れ

1（教師）あなたの好きな美術作品はどのようなものですか？　今まで授業・テレビ・美術館などで見た作品を思い出して，短い言葉で表現してみましょう。書いたら隣の友だちとペアで交流しましょう。

2（児童）ワークシートに書いて，ペアで交流する。

3（教師）Google Chrome を開いて，Play with Arts & Culture を開きましょう。検索で「Play with Art & Culture」と入力すると見つかりますよ。

※音声検索が可能な環境なら「プレイウィズアート＆カルチャー」で開きます。

4（教師）[Google で翻訳する]をクリックすると[芸術と文化で遊ぶ]と日本語になります。色塗りをしてみましょう。[Art Coloring Book] － [テストを実行]をクリックして，気に入った絵を一つ選びましょう。パレットの色を使って自分なりの色塗りをしてみましょう。

5 （児童） ■ をクリックして原画と比較したり， ◆ をクリックして塗っていな

い部分の形を確認したり， ◆ をクリックして塗っていない部分を消したりといろいろな操作をしながら色塗りを楽しみます。

6 ＜ をクリックすると，完成した絵を見ることができるリンクをコピーできるので，友だちに送って見てもらうこともできます。（右図）

7 （教師）Puzzle Party をやってみましょう。［Puzzle Party］－［テストを実行］をクリックして，気に入った絵を一つ選びましょう。［シングルプレーヤー］を選ぶと一人でジグソーパズルを楽しむことができます。

共有　　　　　　×

Facebook　Twitter　Pinterest

メール　Tumblr　Vkontakte

Classroom

rts/JUdSwnTeoi31bMNV7

タップしてリンクをコピー

主体的な学びを実現するためのポイント

　Google Arts & Culture では，学年に応じて，アーチスト・素材と技法・色・時代などの視点から芸術作品を鑑賞したり，個別の美術館の作品を鑑賞したりと，興味や必要に応じて多様な使い方ができます。児童が興味関心をもとに鑑賞したり調べたりすることができます。小学生には向かない作品もあるので，教師が内容を十分に把握して限定的に使用させることが必要です。

インクルーシブな視点を重視した授業づくりのポイント

　個別の関心に対応した鑑賞が可能になります。

実践アイディア

・Puzzle Party では，［マルチプレーヤー］を選ぶと Google Classroom やメールを使って登録した人と複数の人で協同作業をすることができます。あまり人数が多くても混乱するので数人がおすすめです。

・Google Arts & Culture では，現在地周辺の美術館，博物館などの施設が地図で表示され，公式ウェブサイトで収蔵品などを調べることも可能です。

13 Zoomでゲストティーチャーに学ぼう

対応情報端末	Chromebook・Windows・iPad	想定対象	中学年から
使用するソフト例	Zoom（Google Meet，Microsoft Teams の会議室）		
子どもの 学びとの関係	②　学習教材が豊富になる		
	プラスα オンライン学習に慣れる		

授業例 4年・社会　　**特色ある地域と人々のくらし**

学習内容
地域の魅力を発信している人にインタビューする。

学習の流れ

事前の準備

　ゲストティーチャーに授業の主旨とインタビューの方法を伝え内諾を得ます。授業前に，双方のZoom環境の確認と練習を兼ねてZoomを使ってあいさつと打ち合わせの場を設定します。ゲストにインタビューを希望していた子どもたちで実行委員会をつくり，代表児童が，メールでインタビューしたいことをリストにして届けます。ゲストからインタビューの方法などについて希望がないか確認し，ある場合は可能な範囲で計画に組み入れます。

1（教師）特色ある地域と人々のくらしを学習するなかで，いろいろな方にインタビューをしてきましたね。今日は，鹿児島県の良さを県内外にアピールする活動をされていて，みんなからインタビューしたいと希望が多かった，外山雄大さんにインタビューをします。日程の関係で直接お会いしてインタビューをすることが難しかったので，Zoomでのインタビューをお願いしたところ，快く了解してくださいました。

2（児童）外山雄大さんとのZoomインタビュー担当の山田です。外山さんとのインタビューを希望した5人で準備をしてきました。インタビューの内容は三つにしぼって事前に伝えてあります。この三つの質問は私たち準備班がします。その後で，質問や伝えたいことがある人は挙手してください。指名されたら，ミュートを解除して発言してください。

3（教師）マイク付きヘッドフォンを付けてください。みんなのマイクは最初は全員ミュートになっています。山田さんから指名されたらミュートを解除してください。

4（児童）児童の司会でインタビューを実施する。

5（児童）外山さんに送るインタビューの感想は送られているワークシートに書いて先生に届けてください。

主体的な学びを実現するためのポイント

インタビュー前に，自分の課題とインタビューとの関係，何を聞くかを具体的に書いて準備することが大切です。インタビュー後には，聞いたことを自分の課題と関係づけてまとめます。新たに生まれた疑問も次の学びにつながるので大切に記録します。

インクルーシブな視点を重視した授業づくりのポイント

全員が役割を持って活動に関わっていたかを，振り返る時間を設定します。

実践アイディア

・Zoom を使ったインタビューは，録画録音しておくと，振り返りがしやすいので事前に相手に許可をもらうようにします。

・Zoom を使ったインタビューは，何回か校内で練習をしてから外部のゲストと実施するとスムーズに実施できます。

・Zoom で講師を招待するときは，自動的に作成された招待状をそのままコピーして貼り付けて送るのではなく，ささやかな工夫をして味気ない連絡メールにならないようにします。変えていけないのはアドレスと時刻だけなので，あいさつ，ゲストに Zoom に入って欲しい時刻，アドレス，ミーティング ID，パスコード，トラブルの時に使える電話番号を書いて送ります。パスコードを入力しやすい記号と数字に変えておくと，アドレスから入れないときに役に立ちます。

・Web 会議システムには Zoom 以外にもいろいろあるので，それぞれ何度か試して慣れておきます。講師の使い慣れたビデオチャットサービスを確認して使うようにします。

14　演奏を楽しもう

対応情報端末	iPad のみ			想定対象	中学年から
使用するソフト例	GarageBand				
子どもの 学びとの関係	② 学習教材が豊富になる		⑥ 自己表現の方法が多様になる		
	⑩ 個別学習が充実する				

授業例 | 5年・音楽　　　**作曲**

学習内容

作曲を楽しむ。

学習の流れ

事前の準備

・iPad に GarageBand をインストールする。

1 （教師）iPad で音楽を楽しみましょう。GarageBand を開いてみましょう。先生の
画面を見ながら一緒に準備してね。

2 （児童）画面にキーボードピアノが
現れると自然にいろいろな音を出し
始める。教科書の楽譜を見ながらす
る子どももいれば，自分で音を選ん
でリズムを作り始める子どももい
る。

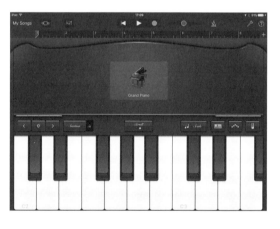

3 （教師）赤い○をクリックすると，
録音することができます。しばらく
自分で工夫して演奏をしてみてくだ
さい。

4 （教師）しばらくすると，画面にあるいろいろなボタンをクリックして，和音でリ
ズムをつくったり，ホルンやギターなどの楽器を見つけて試し始める子どもが現れ
るが，このアプリから離れない限りは止めずに自由に試みさせます。

5 （教師）グループで一緒に演奏してみましょう。

6 （児童）それなりに友だちの演奏を気にしながらセッションを始める。

主体的な学びを実現するためのポイント

　単純に音を出すという段階から，いろいろな音を加工して曲を作り出す高度な使い方までが可能になっているので，技術を身につけながら自分の音楽を作る体験ができます。

インクルーシブな視点を重視した授業づくりのポイント

　イヤホン，ヘッドフォンを用意して，自分の出す演奏に集中しやすいようにします。

実践アイディア

・キーボードだけでも何十種類かあります。ドラムは，叩く仮想体験ができるだけでなく，楽譜上にいろいろ打楽器を配置してリズムを作ることができます。

　縦軸は下から上に音が大きくなり，横軸は左が単純なリズムで右が複雑なリズムになるという座標があり，太鼓・拍手など六種類の音をどこに置くかで様々なリズムが生み出させます。

　ギターやベースなどの演奏を体験できるものもあります。

・動画の BGM や児童の声なども簡単に録音することができるので，朗読や歌唱の振り返りにも使えます。

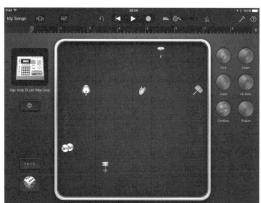

15　自分の発音と表情を振り返ろう

対応情報端末	Chromebook・Windows・iPad	想定対象	中学年から
使用するソフト例	ビデオ機能		
子どもの 学びとの関係	② 学習教材が豊富になる		
	⑧ 学びのポートフォリオが蓄積される　⑩ 個別学習が充実する		

授業例 　4年〜6年・英語　　**会話練習をしよう**

学習内容

　自分の英会話を動画で振り返る。

学習の流れ

1（教師）Repeat after me.【先生に続けて発音してください。】

Do you like apples?

Yes, I like apples.

No, I don't like apples.

　　apples は，bananas，hotdogs，doughnuts，noodles，pizza などいろいろ変化させます。果物，お菓子，スポーツなど児童が apples と入れ替えて使うことが予想される単語は，イラスト入りのカードを黒板に貼っておきます。

2（教師）自分の発音を動画で撮影してみましょう。失敗したらやりなおしましょう。終わったら，自分で見直してみましょう。チェックポイントは二つです。ちゃんと話した英語に聞こえたか。相手が話しやすい表情をしていたかです。

3（児童）カメラに向かって真剣に話して録画する。何回かやりなおす児童もいる。録画が終わったら見直して，気になるところをメモする。

※教師は巡回しながら，操作がわからなくなった児童に操作の仕方を教えます。

4（教師）ペアで学習します。自分の修正したいと思ったところを書きましたね。そのなかから一つを相手に説明しましょう。それからペアで会話練習をしましょう。apples は自由に変えましょう。

5（児童）最後に，もう1回動画を撮影して，指定されている場所に保存する。

主体的な学びを実現するためのポイント

自分の英会話練習を，動画を撮影して振り返ることで，自分の課題を意識して練習をすることができます。動画を保存することで自分の成長の記録にもなります。

インクルーシブな視点を重視した授業づくりのポイント

対面での会話が苦手な子どもは，録画練習で相手を意識せずに練習することができます。

実践アイディア

- Zoom や Microsoft Teams などの Web 会議システム教師がアトランダムに児童を2人組か3人組に分け，テレビ電話のスタイルで英会話練習を行うことができます。会話に集中するために，マイク付きヘッドフォンが必要です。教師はそれぞれのグループにアトランダムに参加して，一緒に会話に参加します。
- ロイロノートを使って発音の個別指導を行うことができます。
- 英文のカード（右図）を作って，児童に配布します。児童は，英文を先生と練習します。個人でも練習した後で，録音ボタンをクリックして，録音します。
- 録音したカードは，提出箱に出します。しばらくすると先生から，練習のポイントが書かれているか録音されているカードとセットになって戻ってくるので，練習のポイントを確認して再度練習します。個別練習，個別指導がしやすいことと，音声が残るので成長の記録にもなります。

Good morning!

Good afternoon!

Good evening!

16　授業前アンケートに回答しよう

対応情報端末	Chromebook・Windows・iPad	想定対象	中学年から
使用するソフト例	Microsoft Forms（Google フォーム）		
子どもの 学びとの関係	③　情報共有が当たり前になる　　⑧　学びのポートフォリオが蓄積される		
	プラスα オンライン学習に慣れる		

授業例　全学年・道徳　　**ともだちについてかんがえよう**

学習内容

「ともだち」についてのアンケートに答える。

学習の流れ

事前の準備

Microsoft Forms で簡単な質問を作成し事前に配信しておく。

チームを開いて［一般］－［課題］－［作成］－［クイズ］－［新しいクイズ］で作成する。

（教師）みなさん，次の道徳の時間に「ともだち」について一緒に考えてみます。「ともだち」についての簡単な事前アンケートを，Microsoft Formsで送ってあります。開いて答えましょう。

1　（児童）子どもたちは Microsoft Forms を開いて質問に回答し先生に送信する。

2　（教師）アンケート結果を集約して，授業の組み立てを考える。

主体的な学びを実現するためのポイント

・事前アンケートは，一人一人の実態を知る上でとても役に立つので必要に応じて行います。児童にとっても，アンケートに答えることで授業のテーマについて考える

ことで，授業に主体的に参加することにつながります。

インクルーシブな視点を重視した授業づくりのポイント

・慣れるまではアンケート画面を印刷し，必要な児童にはまず印刷物に回答を記入させてから情報端末に記入させるとスムーズです。

実践アイディア

・児童が，フォームズを使ったアンケートに慣れるまでは，一問ずつ説明して回答させます。慣れてきたら締め切りを決めて自分で回答させます。
・情報端末の自宅持ち帰りが可能な場合や，自宅からの回答が可能な場合には，親子で一緒に回答してもらうアンケートも実施します。
・アンケートは授業後の「振り返り」にも使えます。集計が短時間で終わるので，授業で情報端末を使うときは，フォームズで振り返るようにすると無理なく続けられます。

道徳の授業7月18日ふりかえり

...

逸司 さん、このフォームを送信すると、所有者にあなたの名前とメール アドレスが表示されます。

* 必須

1. あてはまるもの全部にチェックしましょう。 * 📖

☐ 自分のことをよく考えた

☐ 友だちの意見が参考になった

☐ 自分と違う考えを知ることができた

2. 友だちについて今日考えたことを書きましょう *

回答を入力してください

送信

17　取材して写真と手書きメモで記録しよう

対応情報端末	iPad のみ	想定対象	中学年から
使用するソフト例	Penultimate		
子どもの 学びとの関係	③　情報共有が当たり前になる		
	⑧　学びのポートフォリオが蓄積される		

授業例	1年・生活科	わたしたちの町たんけん

学習内容	学校からぞうさん公園までの道順を絵で描いて，気になるものがあれば調べて記録する。

学習の流れ

事前準備

校内で iPad で写真を撮る練習と，Penultimate でその写真を中心においてメモを書き込む練習をしておく。

1 （教師）わたしたちの町たんけん，いよいよ 1 日目がやってきました。学校からぞうさん公園まで歩いて，発見したことを地図に書きましょう。目印になる建物や，バス停は iPad で写真に撮ってメモをしましょう。

2 （児童）安全指導を受けて，4 人班ごとに出発する。iPad 係，デジカメ係，地図係，安全係。それぞれ水筒，ハンカチ，ビニル袋を持っている。

3 （児童）授業で作った白地図を見ながらゆっくり移動する。地図係は目印になる建物やバス停，記念碑や会社，工場などを書き込んでいく。写真係は写真を撮る。

　　近所の人にインタビューしたり，気になるものに出会ったりしたときは，iPadを出し，Penultimate を開く。ノートブックから準備してあった「わたしたちの町たんけん」を開く。新規ノートを開いて，ノートの形式を選ぶ。

　　ノートの中を指で押さえると［カメラ］［写真］が出て来るので［カメラ］を選んで，写真を撮り，［写真を使用］－写真のサイズを調整して，周囲に取材したことや気がついたことを手書きペンで入力します。（次頁の写真参照）

4 （児童）学校に帰ってから，写真と iPad のメモを先生と班のみんなと共有し，地図作りを始める。

主体的な学びを実現するためのポイント

　教科書には書いていない地域の道沿いの情報を，写真と聞き取りで情報収集します。疑問に思ったことで調べられなかったことは学校に帰ってからインターネット検索したり，家の人に聴いてみたりして解決します。

インクルーシブな視点を重視した授業づくりのポイント

　移動中は，キーボード入力より手書き入力が早いので，慌てがちな子どもも落ち着いてメモを書くことができます。インタビュー相手を待たせないだけでなく，後から整理しやすいのでおすすめです。

18 オンラインで環境問題について話し合おう

対応情報端末	Chromebook・Windows・iPad	想定対象	低学年から
使用するソフト例	Zoom（Google Meet，Microsoft Teams の会議室）		
子どもの学びとの関係	③ 情報共有が当たり前になる　④ 協同学習の形が多様になる		
	プラスα オンライン学習に慣れる		

授業例｜6年・社会・総合的な学習　　地球環境を守る

学習内容｜わたしたちの生活と地球環境のつながりについて調べて自分たちの住む場所で調べたことを発表する。

学習の流れ

事前の準備

合同授業の授業プランを相手の学級と相談して決める。

それぞれの学級で，3人を基本にしたグループ単位で「わたしたちの生活と地球環境のつながり」について調べ，自分たちにできることは何かを考え，プレゼンテーションソフトで4枚程度にまとめておく。

動画は1分以内とし，発表時間は一班で5分と決めたルールの範囲内で準備をすすめる。

※児童は，招待されたリンクから Zoom に参加する。または Zoom を検索し，[ミーティングに参加する] をクリック，教師の板書した「ミーティング ID」を入力して Zoom のミーティングに参加する。ビデオオン，ミュートに設定する。

1 （北海道小学校児童）琉球小学校6年1組のみなさん，こんにちは，司会の山本優花です。よろしくお願いします。

2 （琉球小学校児童）山本さん，北海道小学校6年1組のみなさん，こんにちは。司会の知花ひろみです。よろしくお願いします。

※それぞれの教員が短いあいさつをする。

3 （山本優花）今回の課題は，「わたしたちの生活と地球環境のつながりについて調べて，自分たちにできることは何かを考える」です。

学習の流れはこうなっています。

北海道小学校6年1組　琉球小学校6年1組　合同 Zoom 授業

1　司会（2名）のあいさつ

2　担任（2名）のあいさつ

3　学習課題の確認

4　学習の流れの確認

5　発言ルールの確認

6　6人のブレークアウトルームに分かれて意見交換

　　※それぞれの班で司会者，発表者を一人ずつ決めておく

　　　①　北海道小発表　　5分

　　　②　琉球小発表　　　5分

　　　③　質問・意見交換　7分

7　全体での意見交換　10分

8　まとめの感想発表（各校一人ずつ）

9　司会（2人）のまとめとおわりのあいさつ

4　発言ルールを確認する。話すときはゆっくりはっきり話します。

いつもは［ミュート］で音を消します。 司会者から指名されたら［マイクをオン］にして話します。話し終わったら［ミュート］に戻します。

話すときはゆっくりはっきり話します。

※主催者側の教師が，事前に作成したブレイクアウトルーム表に従ってグループ分けを行う。児童は名前の前に学校とグループを表す二けたの数字を入力しておくと，グループ分けが容易になる。教師2人は順にルームを訪れ巡回する。

5　（児童）グループ6名で二校の発表，質問，意見交換と進める。発表資料の操作「資料を共有する」は，それぞれ1名が担当する。

6　（児童）全体での意見交換の間に，感想や質問をチャット欄に書く。質問には答えられる子どもが書き込む。

※個人間のチャットは禁止設定にしておく。

7　（児童）まとめの発表で，今日気がついたこと，納得したこと，感心したことなどを発表する。

8　（教師）授業後，それぞれ感想をまとめてメールで相手校に送る。

主体的な学びを実現するためのポイント

遠方の子どもたちとの学習は，学ぶ意欲を高めます。適度な緊張感の中で，自分の調べたことを資料を使って発表する大切な学習になります。

計画段階から児童に参画させ，授業も児童中心で進行できるように計画します。

インクルーシブな視点を重視した授業づくりの視点から

話し合われていることが理解しづらい子どもがいる場合は，担任またはあらかじめ依頼してあった支援教員がチャット欄に，話し合われていることの概要をメモします。

実践アイディア

・Chromebook では Zoom をインストールして使うと会議部分は英語表示になり，現状では日本語化する方法がないのでインストールせずにブラウザ版を使います。インストールした場合はアンインストールします。

・Zoom で少人数グループを作るときに使うブレークアウトルームは，以前はホストが全員のルームを自動か手動で割り当てていました。

現在は参加者自身がルームを選択することを許可する選択があるので，参加者が慣れてきたら部屋を指定して自分で選択してもらうことも，話題別のルームを作って自由に選択してもらうこともできます。自由にルームを行き来することも可能になりました。

19　オンラインで健康状態を伝えよう

対応情報端末	Chromebook・Windows・iPad	想定対象	低学年から
使用するソフト例	Google フォーム（Microsoft Forms）		
子どもの 学びとの関係	③　情報共有が当たり前になる		
	プラスα　オンライン学習に慣れる		

授業例　全学年　健康観察

学習内容

オンラインで健康状態を伝える。

学習の流れ

事前の準備

Google フォームで健康観察のフォームを作成する。

［授業］－［作成］－［テスト付きの課題］－［作成］－［フォーム］－題名を書く－答え方を選んで質問を書く。

・回答漏れがないようにどの設問も［必須］にする。

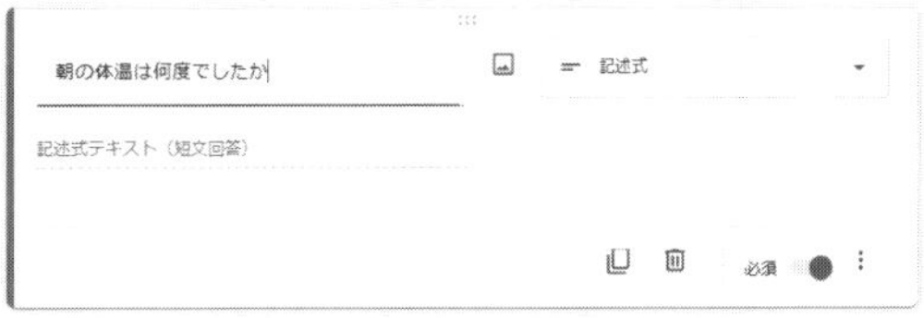

61

・学校で決まっている観察項目を入力する

※いくつかの質問に対して，回答の選択が［はい］か［いいえ］のように同じなら，［チェックボックス（グリッド）］を選んで，行に質問を，列に同じ選択肢を記入すると，前頁のようなアンケートになります。

オンライン学習の場合は，同様の書式を使い，家庭から朝6時から8時の間に送信してもらうなどして健康状態を確認することができます。

マイクロソフト Microsoft Teams の場合は，［課題］－［作成］－［クイズ］で Form が開くので［新規作成］で右のような書式ができます。

回答に同じ選択肢が続く場合は，一つ作ったあとでコピーするをクリックし，問題を修正するとできあがります。

20 プレゼンテーションソフトを協同編集しよう

対応情報端末	Chromebook・Windows・iPad	想定対象	低学年から
使用するソフト例	Microsoft PowerPoint（Google スライド）		
子どもの 学びとの関係	④　協同学習の形が多様になる		
	プラスα オンライン学習に慣れる		

授業例　6年・社会　　世界の国々と日本の交流

学習内容

私たちの市と国際交流について調べたことを協同編集して完成する。

学習の流れ

1　（教師）班の保管係は前の時間に途中まで作成した発表資料を出してください。

2　（児童）Microsoft PowerPoint を開いて，［共有］－［宛先］に同じグループの名前を入れて候補が出てきたら選ぶ。全員の名前を入れたら［送信］する。

　保管係以外の児童は，メーラーを開いて待っている。保管係からメールが届いたら開いて，［開く］をクリックする。

3 （児童）メンバー全員が同時に同じ資料を編集することができるので，口頭で話し合いながら，実際に写真を移動したり，言葉を換えたりしながら完成する。誰かが編集作業を行ったあとは，しばらくマークがついているので確認できる。

4 （教師）完成したら保管係が元の場所にしっかり保管しておいてください。ほかのメンバーも自分で保管しておきましょう。

主体的な学びを実現するためのポイント

　グループの人数は意見がいいやすいことを考えると，2名から3名が適切です。学級の実態に合わせて決めます。それぞれが自分の考えを持つことができるように，データを共有して実際の協同作業に入る前に数分の考える時間を設定します。

インクルーシブな視点を重視した授業づくりのポイント

　決められた時間内で読み取れるか，聞き取れるかを十分配慮した資料と説明を準備するよう声をかけます。

　ワード，エクセルの場合も同様に[共有] －共有相手の指定－[送信]で，共同編集が可能です。このファイルへのリンクを使用できるユーザーを必要に応じて設定することができます。

リンクの設定　　　×

このリンクを使用できる対象ユーザー 詳細情報

🌐 リンクを知っているすべて　ⓘ
　のユーザー

🗎 リンクを知っている 琉球大学
　のユーザー

🔒 既存アクセス権を持つユーザー

👤 特定のユーザー　　　　✓

その他の設定
☑ 編集を許可する
⊖ ダウンロードを禁止する　　　ⓘ

適用　　キャンセル

Microsoft Teams から協同編集する場合は，資料保管係が [新しい投稿] で投稿し，[横三点] をクリック，[Teams で編集] をクリックします。

　Microsoft PowerPoint の編集画面が開き，Microsoft Teams から同じ資料を開いた人は，全員がこの資料を協同で編集することができます。作業が終わったら名前を付けて保存します。

　近くで作業するときは口頭での打ち合わせができますが，離れているときや，作業しながら提案したいときは，コメント欄に提案したいことや思っていることを書くことができます。

21 共有のホワイトボードに意見を書こう

対応情報端末	Chromebook・Windows・iPad	想定対象	低学年から
使用するソフト例	Microsoft Whiteboard		
子どもの 学びとの関係	④　協同学習の形が多様になる		
	プラスα　オンライン学習に慣れる		

授業例　全学年・音楽　　鑑賞の学習

学習内容
聞いた音楽に題名をつける。

事前の準備

Office 365 にログインし，ホワイトボードを開く。

［共有］－このホワイトボードへのリンクを作成，共有リンクをコピー－［リンクをコピー］

Microsoft Teams で，クラスの使用するチャネルに，リンクを貼ります。これで，児童がログインしてリンクをクリックするとホワイトボードを共有することができます。

1　（教師）今から音楽を流します。音楽を聴きながら，自分が感じたイメージに題名をつけてもらいます。正解はありません。感じたままに題名をつけてください。

2　（児童）静かに聴きながら，題名を考える。

3　（教師）マイクロソフトのホワイトボードを出しましょう。クラスを開いて音楽チャネルの投稿を見て，Whiteboard をクリックしましょう。しばらくすると，ホワイトボードが開きます。

　アプリをダウンロードしているときはアプリで開くを選びます。Web 上で表示でも構いません。

共有　　　　　　　　　　　×

このホワイトボードへのリンクを作成

共有リンクをオンにして、このホワイトボードまたは組織のアカウントで共有できる、このホワイトボードへのリンクを作成します。

⬤ 共有リンクをオンにする

リンクをコピー

4（児童） ［テキストの追加］で，自分の名前と考えた題名を書きます。

5（教師）友だちの書いた題名を見てみましょう。似たイメージの題名をまとめてみましょう。

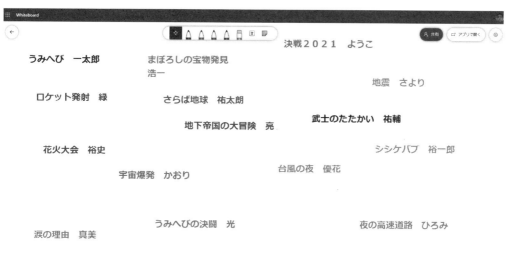

主体的な学びを実現するためのポイント

音楽には元々題名がついていますが，鑑賞する児童が聴いて感じたイメージから題名をつける活動は発想力を広げることにつながります。

インクルーシブな視点を重視した授業づくりのポイント

正解のない問いであることを強調します。児童が考えを発表した後もそれぞれ正解であることを確認します。

実践アイディア

・ 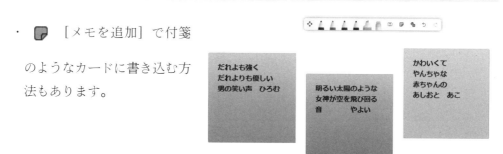 ［メモを追加］で付箋のようなカードに書き込む方法もあります。

22　共有の表計算ソフトで発表しよう

対応情報端末	Chromebook・Windows・iPad	想定対象	低学年から
使用するソフト例	Microsoft Excel（Google スプレッドシート），Microsoft Teams		
子どもの 学びとの関係	④　協同学習の形が多様になる		
	プラスα オンライン学習に慣れる		

授業例	4年・国語　　**ごんぎつね**

学習内容
ごんぎつねの，本の帯の言葉を考える。

学習の流れ

・Microsoft Excel に児童の名前と帯の言葉を書き込む表を作成する。［共有］－［リンクのコピー］－［リンクを知っている ○○ のユーザー］－［適用］

・Microsoft Teams のチャネル国語に投稿しておく。

1 （教師）ごんぎつねの学習もそろそろ終わりになります。全体の要約や感想もまとめました。本にはその本の魅力を短い言葉で表したキャッチフレーズなどが書かれた帯がついていることがあります。みなさんなら，ごんぎつねの本の帯に，どんな言葉を書きたいですか。見た人が読みたくなるようにするのが帯の役割です。まずは，自分で考えてみましょう。

2 （児童）教科書をめくりながら，ノートに帯の複数の案を書く。

3 （教師）三人組でノートを交換しましょう。

4 （児童）友だちのノートに書かれたキャッチフレーズを見て，一番から順に番号を書き込んで本人に返す。一番に選んだキャッチフレーズには，選んだ理由も書き込む。

5 （教師）友だちの選んでくれたキャッチフレーズを参考にして，自分の一番を決めましょう。決まったら，Microsoft Teams の国語チャネルに共有ファイルがあるので書き込みましょう。

	A	B	C	D
1				
2			「ごんぎつね」にキャッチフレーズをつけてみよう	
3	1	けいいち		
4	2	ともみ		
5	3	さだむ		
6	4	まさとし		
7	5	たかゆき		
8	6	さとし		
9	7	おやの		
10	8	たかこ		
11	9	みき		
12	10	まさよ		
13	11	ひろ		
14	12	たつや		
15	13	ゆりな		
16	14	ゆうすけ		

6（児童）Microsoft Excel のファイルを開いて友だちと同時に書き込む。友だちの書いたキャッチフレーズを読んで修正したり変更したりする。

7（教師）納得できる帯の言葉ができましたね。それでは，教科書サイズの帯を配ります。教科書にはめて書く場所を確認したら，筆ペンやマジック，絵の具などを使って完成しましょう。

主体的な学びを実現するためのポイント

友だちの意見や仕上がったキャッチフレーズを参考にして，自分の考えをまとめる過程を大切にします。

インクルーシブな視点を重視した授業づくりのポイント

自分で思いつかなくても，アドバイスを受けたり，友だちの案を見て参考にすることができます。

グループごとに共有するファイルを作ると，班の話し合い活動に使うことができます。共有ファイルを使った学習に慣れると，オンライン授業での話し合い活動でも活用できます。

23　友だちの感想にコメントしよう

対応情報端末	Chromebook・Windows・iPad	想定対象	低学年から
使用するソフト例	Microsoft Teams（ロイロノート）		
子どもの学びとの関係	④　協同学習の形が多様になる　　⑧　学びのポートフォリオが蓄積される		
	プラスα　オンライン学習に慣れる		

──── 授業例 ┃ 5,6年・道徳　**手品師**

┃ 学習内容 ┃
手品師のとった行動に対する感想を友だちと交流する。

学習の流れ

事前の準備

Microsoft Teams に道徳チャネルを作成する。

あらかじめ児童を 3 人か 4 人グループに分けておく。

1 （教師）手品師が最後にとった行動について思ったことを，Microsoft Teams の道徳チャネルで「新しい投稿」をクリックして書いてください。書いた文章は学級のみんなと先生が読むことができます。

2 （児童）自分の思いを入力する。

予想ははずれました
わたしは、手品師は、男の子との約束を忘れて、劇場にいったと予想しました。有名になれるチャンスだから劇場に行くと思ったのです。でも違いました。約束を大切にする人なんだなあとびっくりしました。男の子は、約束どおりに手品師が来てくれてうれしかったと思います。でも手品師が少しかわいそうになりました。いいことをしたんだから、また次のチャンスがくるといいなあ。

簡易表示

返信

✍ 🖉 ☺ GIF 🗂 📷 📹 ▷ 💡 🔄 📋 ▶ 📍 ⚫ … ▷

3 （教師）それでは，グループの友だちが書いた投稿を読んで，友だちの思いにふれて，感じたことを「返信」で書いてください。グループの友だちの分を書き終えたら，他グループの友だちの投稿にも書きましょう。

4 （児童）静かに友だちの投稿に対する考えを書き込む。

5 （教師）それでは，自分の思いにふれて感想を書いてくれた友だちの感想を読んでみましょう。友だちが書いてくれたことをしっかり読んで，返事を書きましょう。

6 （教師）みなさんの書き込みからいくつか紹介します。

りしました。男の子は、約束どおりに手品師が来てくれてうれしかつたと思います。でも手品師が少しかわいそうになりました。いいことをしたんだから、また次のチャンスがくるといいなあ。

簡易表示

ぼくは、劇場に行かないで、男の子とのやくそくを守ると予想していました。でも、かんなさんの思ったように、有名になれるチャンスだったから、本当に約束を守ったので少しびっくりしました。長田さんの予想を読んで、手品師に次のチャンスがきっとくるような気がしました。

✏️ 📎 😊 GIF 🔖 🖼️ ▷ 💡 🔄 🔲 ▶️ 📍 😀 ⋯　　　　　　　　　　　✕ ✓

返信

✏️ 📎 😊 GIF 🔖 📋 📷 ▷ 💡 🔄 🔲 ▶️ 📍 😀 ⋯　　　　　　　　　　　　　　　▷

主体的な学びを実現するためのポイント

書き込むという方法をとることで，友だちの意見に左右されにくい状態で自分の思いを表現することができます。事前に情報モラルの学習を行い，友だちの意見を馬鹿にするような返信をしないよう指導しておきます。

インクルーシブな視点を重視した授業づくりのポイント

話すことが苦手な児童は，落ち着いて思考することができます。

実践アイディア

・ロイロノートでも同様の取り組みができます。まず全員がそれぞれ自分の考えをカードに書き，指定された友だちに送ります。

・自分に送られてきたカードには，カードを1枚追加し感想を書き次の友だちに送ります。感想を書いたカードを3番目に書いた児童は，最初のカードを書いた友だちに戻します。友だち3人の感想を参考に，1枚カードを追加して最後の感想を書きます。

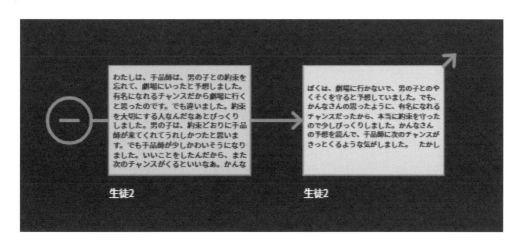

24　共有画面に見つけたことを書き込もう

対応情報端末	Chromebook・Windows・iPad	想定対象	低学年から
使用するソフト例	Google Jamboard（Microsoft Whiteboard，ロイロノート）		
子どもの 学びとの関係	④　協同学習の形が多様になる		
	⑧　学びのポートフォリオが蓄積される		

授業例　2年生・算数　　かけ算九九のきまりを見つけよう

学習内容

かけ算九九のひょうを作って，かけ算九九のひみつをみつけます。

学習の流れ

1 （教師）かけ算九九ワークシートを配ります。かける数とかけられる数の交わるところに，二つの数をかけた答えを書き込みましょう。

※間違っている子どもには，九九を言わせる，ノートを見直させる，かけわり図の教具を使わせるなどして正しい答えを書かせる。

2 （教師）完成したかけざん九九表には，いろいろな秘密が隠れています。気がついたことをワークシートに書きましょう。

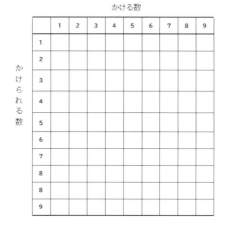

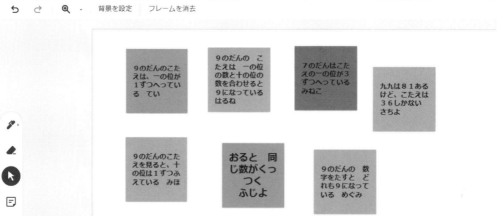

3（教師）ワークシートに書いたなかから，一つを選んで Google Jamboard の付箋に書いてください。

4（児童）付箋を整理し，類似した意見のなかから一人ずつ発表する。質問があるときは発表の後で挙手し質問する。

5（教師）ノートに今日の学習のまとめを書きましょう。自分が気がついていなかったことは忘れずに書きましょう。

主体的な学びを実現するためのポイント

・気がついたことを直接 Google Jamboard に書かせることもできます。友だちの書くことにつられて主体的に思考することが妨げられると判断した場合は，一定時間は雑念なく個人で思考できるようにワークシートに書かせ，一斉に Google Jamboard に書かせます。

インクルーシブな視点を重視した授業づくりのポイント

・文字のみでの表現が難しい場合は，ワークシートを写真に撮り，写真での発表も可能にします。

実践アイディア

・Google Jamboard は Google が無料で提供するツールです。Google にログインして Jamboard をクリックします。一つのスライド上に，1人でも複数人でも情報を置くことができます。

・置くことができる情報は，文字を書き入れることのできる付箋，画像（本体で撮影した写真，Google で検索した画像，Google ドライブにあるファイル），文字を書き入れることのできるテキストボックスです。

・Google Jamboard 右上の共有をクリックして，リンクを取得し，Google Classroom にリンクを張るなどして共有します。

25　共有画面に知っていることを書き込もう

対応情報端末	Chromebook・Windows・iPad	想定対象	低学年から
使用するソフト例	Jamboard（Microsoft Whiteboard，ロイロノート），Google Classroom		
子どもの 学びとの関係	④　協同学習の形が多様になる		
	プラスα　オンライン学習に慣れる		

授業例　5年生・理科・総合的な学習　身近な生き物

学習内容
身近な生き物について知る。

学習の流れ

1　（児童）大画面に映された生き物の
写真を見る。
　「ヤンバルクイナだ」「見たことが
あるよ」「保護されてるのを見たよ」
「……にいたよ」と声が出る。

2　（教師）みんなよく知っているね。
ヤンバルクイナだね。あちこちでヤ
ンバルクイナの絵や写真を見るよね。

　Google Classroom のリンクをクリッ
クして Jamboard を開きましょう。ヤ
ンバルクイナの写真を載せたボードが
出るはずです。知っていることや，写
真を見て気がついたことを付箋で書き
ましょう。偶数番号の人は1ページ目
に奇数番号の人は2ページ目に書きま
しょう。名前を書くのを忘れないで
ね。時間は約7分です。

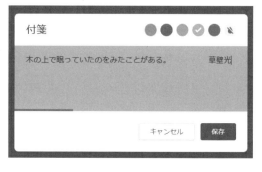

　体験したことはピンク，知っていることは黄色，気がついたことは緑の付箋を使
いましょう。

3　（教師）たくさん書き込みましたね。しばらくみんなの書いた付箋を読んでみま
しょう。2ページあります。読みながら書いた人に聞きたいことがあればメモしま

しょう。

4（児童）書かれた付箋を見て質問する。

質問「飛べないと書いてあるけど，少しも飛べないのですか」

回答「ジャンプするぐらいはできるけど飛ぶということにはならないようです」

質問「夜見た人に聞きます。木の上でどのようにしてねていたのか見えましたか」

回答「いるのはわかったけど，近くではないので詳しくは分かりません。調べて見ます」

リクエスト「〇〇さんは，写真を撮ったことがあると書いていますが，まだそれは残っていますか，見たいです。」

回答「わかりました，今度データを持ってきます」

5（教師）ヤンバルクイナについて疑問に思ったこともたくさん書いてあったので，それぞれ Google を使って気になったことを調べましょう。

主体的な学びを実現するためのポイント

写真を見ながら自由に思いついたことを書かせます。後から書いたことについての質問を受けるときのために名前を書き忘れないよう指示します。質問には自分で調べて回答させます。

インクルーシブな視点を重視した授業づくりのポイント

ボードに写真を載せることで，思い出しやすくなるし，連想しやすくなります。

実践アイディア

・Google フォトからボードに写真を掲載することが容易なので，教材として使えると思った写真は Google フォトに保存しておくと便利です。

・資料として使う写真やイラストや地図などは著作権に気をつけて使用します。佐賀県立図書館データベースのように，パブリックドメインとして著作権が切れて自由に使用できる資料を公開しているところもあります。

https://www.sagalibdb.jp/

・Google Jamboard は複数のページを作成することができるので，学級の人数によっては同じテーマで複数のページを作成すると便利です。

26　友だちの作品を鑑賞して感想を書こう

対応情報端末	Chromebook・Windows・iPad	想定対象	低学年から
使用するソフト例	ロイロノート，Microsoft Teams		
子どもの 学びとの関係	④　協同学習の形が多様になる		
	プラスα オンライン学習に慣れる		

授業例　全学年・図工　　**作品鑑賞**

学習内容
仕上げた作品を鑑賞して，感想をロイロノートで友だちに送る。

学習の流れ

事前の準備

作品を仕上げて教室内に展示する。

作品には，制作者の氏名と意図を書いたカードを添える。

ロイロノートのクラスでクラスの資料室に「紙粘土で生き物をつくろう」のフォルダ
を作っておく。

1（教師）友だちの作品とカードを見て，感想をロイロノートのカードに書いて本人
　に送りましょう。

2（児童）作品とカードを見て感想をカードに
　書く。
　［ロイロノート］−クラス選択−［ノートを
　新規作成］−［通常ノート］−［紙粘土で生
　き物を作ろう］−［テキスト］−好きな色の
　カードを選ぶ−カードに作者名と感想を記入
　する。強調したいところがあれば色ペンで下
　線をひく，または○で囲む。

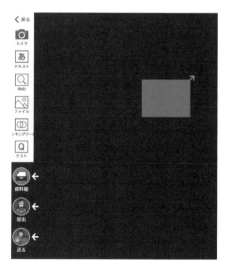

3（児童）完成したカードは，学級の共有フォルダーに保存し，作者に送る。

　[資料室] – [クラス] – [紙粘土でつくる生物]，[送る] – [個人] – [制作者]

※児童数が多いときは，名簿番号で奇数と偶数に分け，奇数番号の児童は偶数番号の児童に，偶数番号の児童は奇数番号の児童に感想を送るなど工夫する。

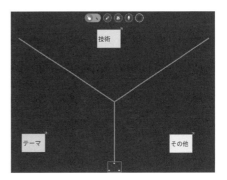

照屋由紀子さん
恐竜の卵らしいごつごつした感じの卵ですね。少し割れていて中から恐竜の顔が見えているようにしても面白そう。　　　　山内

4（教師）送られてきたカードを読んで，[思考ツール] – [Yツール] で整理してみましょう。

　四つに分類できそうなら [Xツール] でもいいですよ。複数の分野について書いてあるときは，そのなかで一番気になる評価の場所に分類しましょう。

5（教師）新しいカードに，感想を読んだまとめを書きましょう。絵画や工作，次に粘土で何かを制作するときに役立つまとめにしましょう。

6（児童）もらったカードと感想カードをつないで，[提出] – [7月8日紙粘土でつくる静物] に提出する。

主体的な学びを実現するためのポイント

友だちからの感想を読み，自分の作品を振り返ることで，気がつかなかった自分の作品の良さや修正すべき点を知り次に生かすことができます。

インクルーシブな視点を重視した授業づくりのポイント

思考ツールを使うことで，たくさんの友だちからの意見をわかりやすく整理することができます。

27 テキストマイニングツールで情報を整理しよう

対応情報端末	Chromebook・Windows・iPad	想定対象	中学年から
使用するソフト例	Google フォーム，Google ドキュメント，テキストマイニング		
子どもの学びとの関係	⑤ 情報処理が容易になる		
	⑦ 思考力と判断力が可視化される		

────── 授業例 4年・社会 地域の学習

学習内容 鹿児島県の魅力についてのアンケート結果を，テキストマイニングツールを使って分析し，自分の考えていた鹿児島県の魅力と比較する。

学習の流れ

事前の準備

児童一人一人が，「鹿児島県の魅力と聞いて思いつく言葉を5つ書いてください」というアンケートを Google フォームを使って20人以上に実施する。

1（教師）アンケート結果を，Google ドキュメントに，一行に一つずつ入力しましょう。入力が終わったらテキストファイルで保存しましょう。作成したテキストファイルは先生と共有してください。

2（教師）テキストマイニングツールは，たくさんの情報を整理して，たくさん使われている言葉を目立たせるソフトです。きょうは，ユーザーローカルという会社のテキストマイニングツールを使います。

3（児童）ユーザーローカルを検索してテキストマイニングを開き，作成したテキストファイルのテキストを全部コピーし貼り付ける。

※ 79 ページ上の表からは，具体的な個々の言葉を何人が書いていたかと，全体の何％の人がその言葉を書いていたかを知ることができます。具体的な数値を上げて文章でまとめたり発表したりするときに便利です。下の表からは，一目で多くの人が書いていた言葉を知ることができます。プレゼンテーションソフトで，発表する時に視覚に訴える効果的な資料として使うことができます。

4（教師）自分の考えと，インタビューに答えてくださった方たちの考えを比較しましょう。気がついたこと調べてみたいと思ったことを箇条書きで Google ドキュメントの新しいページに入力しましょう。入力が終わったら先生と共有しましょう。

5（児童）気がついたことと調べてみたいことを班で共有し，調べ方について意見交換をする。

名詞	スコア ▼	出現頻度 ▼
桜島 🔍	74.69	16
西郷隆盛 🔍	29.00	7
アマミノクロウサギ 🔍	49.84	5
開聞岳 🔍	36.95	5
奄美 🔍	15.70	5

動物園　長渕剛　こむらさき　あめ
コアラ　からい　桜島フェリー　縄文杉　さつまあげ　ロケット
とんこつラーメン　内之浦　鹿児島ユナイテッドfc　長崎鼻　砂蒸し温泉
種子島　平川　薩摩剣士隼人
指宿市立図書館　屋久島
タンカン　奄美　桜島　開聞岳　黒砂糖
湯湾岳　アマミノクロウサギ
温泉
グリブー　西郷隆盛　元ちとせ
鹿児島中央駅　かるかん　甑島　坪山豊　唐船峡　マンゴー
与論島
ホワイトタイガー　山形屋

主体的な学びを実現するためのポイント

・同じところと異なるところに注目して比較すると，自分の考えを深めたり広げたり，自分の考えと他者の考えを比較することができます。また，新しい課題を見つける機会にもなります。

インクルーシブな視点を重視した授業づくりのポイント

・ソフトの使い方については，簡単なマニュアルを作り，いつでも使えるようにしておきます。

実践アイディア

・テキストマイニングツールには様々なソフトがありますが，ユーザーローカルのものはWeb上で小学生でも簡単に使うことができます。
・教師が全員のアンケート結果を集めてテキストマイニングツールに入力すると，より大勢の意見を集約することができます。

28 アンケート結果をグラフにしよう

対応情報端末	Chromebook・Windows・iPad	想定対象	低学年から
使用するソフト例	Microsoft Excel（Google スプレッドシート）		
子どもの 学びとの関係	⑤　情報処理が容易になる		

授業例　5年・算数　円グラフと帯グラフ

学習内容　自分が決めたテーマで，友だち15人以上にアンケートをとり，その結果を
エクセルを使って帯グラフと円グラフにする。

学習の流れ

1（教師）みなさんは，帯グラフと円グラフを書くことができるようになりました。
今日はパソコンを使ってみんなが考えて実施したアンケート結果を帯グラフと円グ
ラフにしてみましょう。

2（児童）（例）「一番好きな季節は？」というアンケートを15人を対象に聞いて席
に戻る。

3（教師）例を見ながらエクセルにデー
タを入力しましょう。

4（児童）入力が終わったら，説明のプ
リントを見ながら帯グラフにする。

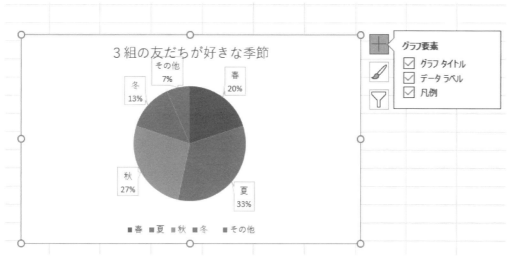

表にする部分を指定する‐[挿入]‐[おすすめグラフ]‐[横棒]
いくつかの種類の中から選んでタイトルをつけ，表示する項目を設定すると完成。

5（児童）同じように，表にする部分を指定する‐[挿入]→[円グラフ]の順に操作する。いくつかの種類の中から選んでタイトルをつけ表示する項目を設定すると完成。

主体的な学びを実現するためのポイント

・右図のように，棒グラフ，折れ線グラフ，円グラフなど様々なグラフにすることができるので，目的に合ったグラフを選択する力が育ちます。

インクルーシブな視点を重視した授業づくりのポイント

・エクセルの使い方は，わかりやすいマニュアルを作成して必要に応じて使用させます。友だちと教え合うことも勧めます。

29　ポスターを作ろう

対応情報端末	Chromebook・Windows・iPad	想定対象	低学年から
使用するソフト例	Microsoft PowerPoint（Google スライド）		
子どもの 学びとの関係	⑥　自己表現の方法が多様になる		
	⑧　学びのポートフォリオが蓄積される		

授業例　全学年・特別活動 **係活動の内容を知らせるポスターを作ろう**

学習内容

パワーポイントでポスターを作る。

学習の流れ

1　（教師）係活動の分担がきまったので，活動の内容をみんなに知らせるポスターを作ります。ポスターづくりのポイントは何でしょうか。

2　（児童）「何の仕事をするところかはっきり伝わることが大事です。」
「誰が何をするのかが書いてないと，すぐにわからなくなります。」
「見てきれいなポスターがいいと思います。」
※発表されたことを黒板に書き出します。

3　（教師）ポスターには，係の名前，メンバー，仕事の内容，仕事分担をわかりやすく書いてください。できあがったポスターは教室に貼ります。

4　（教師）二人，三人，四人と係によって人数が違いますが，協力して作りましょう。下書きは紙に書いて，パソコンで作成します。サンプルを黒板に貼っておきます。

5　（児童）下書きを書いて，先生に誤字脱字を中心に見てもらい，OK が出たら端末でパワーポイントを使って作成する。

6　（教師）先生の OK が出たらカラーで印刷して提出してください。締め切りは明後日の 17 時です。

栽培係

<table>
仕事内容

植物を育てて、花や緑
で教室と学級園をいっ
ぱいにする
</table>

仕事	教室		学級園	
水かけ	月水金　田中・東	火木　斎藤・森	月水金　斎藤・森	火木　田中・東
草取り	水曜日の昼休み　田中・斎藤		金曜日の昼休み　東・森	
みんなへの紹介	第一火曜日の帰りの会　順番に		第三火曜日の帰りの会　順番に	

仕事分担

主体的な学びを実現するためのポイント

・ポスター作りのポイントは指導しますが，デザインは子どもたちのアイディアに任せます。写真を入れる，手書きのイラストを入れるなど工夫している班があれば，積極的に全体に紹介し参考にさせます。

・休み時間などを使って作りたいグループもあるので，少し余裕を持った締め切りを設定します。

インクルーシブな視点を重視した授業づくりのポイント

・仕事分担が公平で不自然でないことを確認します。問題があると思った場合は，仕事分担について詳しく聞いて，子どもたちが自分たちで問題に気がつくようにします。

実践アイディア

・ペン入力が可能な情報端末の場合は，手書きでもいいことを推奨すると，より個性的なポスターが期待できます。

30　音声入力に挑戦しよう

対応情報端末	Chromebook・Windows・iPad	想定対象	低学年から
使用するソフト例	Pages（iPad のみ）（Google ドキュメント，Microsoft Word）		
子どもの 学びとの関係	⑥　自己表現の方法が多様になる		

授業例　全学年・国語　　**発音練習**

学習内容

　　ワープロソフトを使って，音声で入力する。

学習の流れ

1（教師）みなさんは，話すときに相手が聞き取りやすいと感じているか，聞き取りにくいと感じているか，考えたことがありますか。

2（児童）「あまりないです。」

「聞き返されると，聞きにくかったんだなあと反省します。」

3（教師）今日は，丁寧に発音する練習をします。いつもはキーボードで入力したり，ペン書きで入力しますが，今日はみなさんの声で入力してみましょう。

　　iPad から Pages を開きました。（画面を大画面に写して説明する）音声入力を始めたい位置に挿入ポイントを置きます。やり直したいときは，置き換えたいテキストを選択します。左下のマイクのイラストをクリックします。そして，マイクに向かって話します。句読点を追加するには，「まる」や「とうてん」と言います。入力し終えたら，マイクの下の「完了」をクリックします。

4（児童）教科書文や自分の日記など，それぞれが選んだテキストを読み上げて入力していく。（右頁の画像参照）

5（教師）入力した文章を読み上げ機能で音声化して，正しく文字入力がされているか確かめましょう。間違っていたところは，原因を考えた上で修正しましょう。

ふうちゃんの帽子

ゆうちゃんは開聞岳が見える幼稚園の年長さんです。目がクリクリっとしていて、いつも大好きな黄色い帽子をかぶっている女の子です。ふうちゃんにはあっちゃんという友達がいます。たっちゃんはふうちゃんの近所に住んでいます。ふたりは小さい頃から一緒に遊んでいる幼馴染です。ふーちゃんも、あっちゃんも泣き虫です。ですから、二人は喧嘩を始めるとすぐに泣き出してしまいます。でも、どんなに大喧嘩をしても、次の日は一緒に遊ぶのだから本当の仲良しです。|

主体的な学びを実現するためのポイント

・自分で書いた文章を音声入力することで，文章の不自然さや間違いに気がつく経験をさせ，考えたことを声に出してみることの大切さに気づかせます。

インクルーシブな視点を重視した授業づくりのポイント

・キーボードによる入力作業は苦手でも，音声入力だと楽しく取り組める児童がいます。発音に課題がある子どもにとっては，適切な指導の範囲で行うと自分で意識的に口を動かすきっかけにもなり，発音練習としても取り組めます。

実践アイディア

・Google ドキュメントでは，［ツール］－［音声入力］－［マイク］で音声入力ができます。
・機種によって異なるものもあるが，比較的よく使う記号については，黒板に掲示して，音声での記号入力と，記号の読み方にも慣れさせる。
　【,】（読点）・・・とうてん
　【。】（句点）・・・まる
　【改行】・・・あたらしいぎょう
　【「」】・・・かぎかっこ / かぎかっことじる
　【/】（スラッシュ）・・・すらっしゅ
・読み上げる機能もあるので，自分の書いた文を読み上げさせて，音声で聞いたときの文章の感覚を体験させることもできる。
・班で１台の情報端末を使い，リレー形式で音声入力をさせることもできます。

31　ホームページを作ろう

対応情報端末	Chromebook・Windows・iPad	想定対象	低学年から
使用するソフト例	Google サイト（Microsoft Sway）		
子どもの 学びとの関係	⑥　自己表現の方法が多様になる　　⑨　情報モラルに敏感になる		
	⑩　個別学習が充実する		

授業例　3年〜6年・総合的な学習　　ホームページを作ろう

学習内容

ホームページを作って校庭で見つけた花を紹介する。

事前の準備

校庭の花の写真を撮って Google フォトに保存しておく。

1 （教師）ホームページは，インターネットを使って自分の作った画面を離れた場所
にいる人と共有するシステムです。情報モラルの学習で，いろいろ学習しました
ね。ホームページで情報を公開するとき，気をつけることは何ですか？

2 （児童）「個人情報を載せない。」

「自分や他の人の名前，住所，電話番号，顔，学校名などを載せない。」

「不特定多数の人が見るから，誰に見られてもいい情報だけを載せる。」

「ストーカーされたり，いたずら電話が来たりして，いやな思いをするから個人情
報は載せない。」

「見た人が嫌な思いをする内容も駄目です。」

「著作権，肖像権にも気をつけないといけません。」

3 （教師）「勉強したことをよく覚えていましたね。情報モラルに気をつけながら
ホームページを作ってみましょう。」

4 （教師）今日作成するのは，アドレスを知っている人しか見ることができない，限
定公開のホームページです。それでも気をつけることは同じです。

5 （児童）Google にログインして，Google サイトを見つけて開
く。

[空白] をクリックする。

Google サイト

レイアウト候補から使う写真の枚数などを考え適しているものを選ぶ。

タイトル部分の表示は、4タイプから選ぶ。

[ページのタイトル]に自分で考えたタイトル（例・桜と生き物）を入力する。[画像]－[選択]で撮影した写真を選択する。

右側に表示される機能を使うと、分割線、ボタンなどを表示したり、カレンダーや地図などを入れたりすることができる。

[画像カルーセル]では、2枚以上の写真を順に表示することができます。

[スライド]を使うと、Googleスライドで作成保存した資料を、プレゼンテーション形式で表示することができます。

🎞	画像カルーセル
▭	ボタン
―	分割線を追加
⊞	プレースホルダ
▶	YouTube
📅	カレンダー
📍	地図

主体的な学びを実現するためのポイント

・自分の制作したホームページを友だちに見てもらう前提で取り組むので，ひとりよがりではない他者の目を意識する作品作りを行うことができます。

・友だちのホームページを，内容・見やすさ・デザインの美しさ・著作権などの視点から見て，学ぶところと気になるところを整理します。いいと思ったことを中心に本人に伝えさせます。また友だちのホームページから学んだことをもとに必要な場合は修正するよう指導します。

インクルーシブな視点を重視した授業づくりのポイント

・Google サイトは直感的に使えるので，操作する時間を保証すると試行錯誤しながら楽しく取り組むことができます。

実践アイディア

・アドレスは一般の検索サイトに登録しない設定にし，サイトを閲覧できるユーザーを指定し，アドレスを知っている人しか見ることができない設定にする。そうすると，学級内や保護者のみが見ることができるのでトラブルを避けられます。より厳密に見ることを限定したいときは，共有相手を児童と教師だけにすることもできます。

情報モラル教育　授業づくりのポイント

情報モラル教育の柱は，日本工学振興会の「情報モラル」指導実戦キックオフガイドによると，情報社会の倫理，法の理解と遵守，安全への知恵，情報セキュリティ，公共的なネットワーク社会の構築です。

授業づくりのポイントとして次のようなことがあげられます。

①児童や社会の実態に合わせて教材，指導方法を選択する。②学校の教育課程，指導計画へ明確に位置づける。③教師自身がネットを活用し問題点を理解する。④保護者と問題点を共有するなど連携する。⑤自作にこだわらず公開されているなかから適切な教材を選択する。⑥企業やＮＰＯなどの専門家と連携する。⑦新聞やテレビなどの情報を使い切実な問題であることを随時感じさせる。⑧取り返しのつかない過ちがあることを十分理解させる。実践例をいくつか紹介します。

ネットへの書き込みが人を傷つけた事例を読む。

発問「軽いいたずらだから許されるのだろうか」

いたずらでも許されないことを新聞記事などから実例で知る。

発問「ネットへの書き込みで後悔しないために注意することは何だろう」

学級で話し合い学級全体で４つ自分で１つ合計５つの注意することをまとめる。

いくつか BGM 付きのホームページを見る。

発問「○○さんは，自分のホームページを作ることにしました。どんな音楽を流すか迷っています。あなたはどんな音楽を流したいですか。ワークシートに書きましょう」「希望通りのホームページができました。ところが，しばらくして，何人かに高額の請求書が届きました。誰に請求書が届いたと思いますか」「どうして請求書が来たのでしょう」

子どもたちの発表からまとめながら，著作権について説明する。どうしても使いたい場合の手続きも紹介する。

わたしが授業で最後に強調していたのは次の三点です。

・一度インターネット上に公開された情報を完全に消去することはできない。

・誰が投稿したか調べる技術は開発されている。

・困りはじめた時に身近な大人に相談すると最悪の事態は避けられるかもしれない。

32　スライドショーを作ろう

対応情報端末	Chromebook・Windows・iPad	想定対象	低学年から
使用するソフト例	Microsoft フォト（ビデオエディター）		
子どもの 学びとの関係	⑥　自己表現の方法が多様になる　　⑨　情報モラルに敏感になる		
	⑩　個別学習が充実する		

授業例 ｜ 3年〜6年・総合的な学習　　テーマに合ったスライドショーを作ろう

学習内容

写真をつなげてスライドショーの作品を作る。

事前の準備

撮った写真を整理して保存しておく。

1 （教師）これまで撮った写真を使って，スライドショーの作品を作りましょう。ま
ず，モデルの作品をいくつか見てみましょう。

2 （児童）ビデオエディターを開いて，［新しいビデオプロジェクト］−［ビデオの
名前を指定］（例：平川動物園）−［追加］−［このPCから］

パソコンに保存されている写真を選択する。

使う写真を選んで，［ストーリーボード］にドラッグする。順番を考えて入れ替
える。［タイトルカードの追加］でタイトルを入れる。

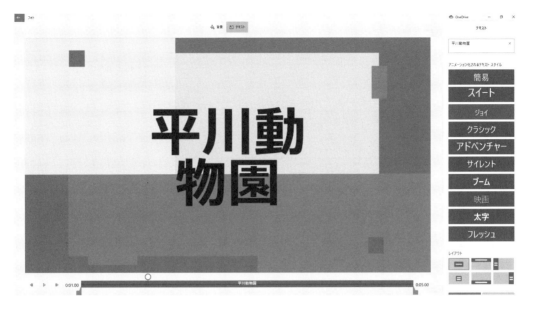

いろいろなデザインから選ぶことができます。

BGM を選択して［ビデオを音楽のビートに同期する］をチェックすると音楽に合わせた長さに作品が調整されます。音楽の声量を選んでビデオの完了をクリックすると完成です。

BGM の選択

音楽トラックを選択します。音楽がビデオの長さに合わせて自動的に調整されます。独自のオーディオ トラックをインポートし追加するには、[カスタムオーディオ] に移動します。

▷　マジック ダンス

▷　マンボ オールナイト

▷　ムード グループ

▷　モーツァルト – アイネ クライネ ナハトムジーク

▷　ラヴェル - 弦楽四重奏曲 ヘ長調

▷　レスキュー クルー

主体的な学びを実現するためのポイント

［カスタムオーディオ］で自分で録音したナレーションや音楽を使うこともできます。

インクルーシブな視点を重視した授業づくりのポイント

言葉での表現は苦手でも写真で自分を表現することは大好きな子どももいます。

33　プログラミングを体験しよう

対応情報端末	Chromebook・Windows・iPad	想定対象	低学年から
使用するソフト例	Scratch 3.0		
子どもの 学びとの関係	⑥　自己表現の方法が多様になる		
	⑧　学びのポートフォリオが蓄積される		

授業例　3年〜6年・算数　　正方形

学習内容
正方形を書くプログラミングを作る。

学習の流れ

1（教師）Scrach で検索して，「scratch ではじめよう！　プログラミング入門」の
ホームページを開きましょう。

2（児童）先生からもらったユーザー名とパスワードでログインする。［作る］をク
リックし，次にスプライト（キャラクター）猫にカーソルを当て，マウスの左をク
リックしたまま枠内の左下に移動する。

※スプライトが動いて正方形を描く場所を広くとるためです。

3（児童）例（図1）の通りにプログラミングする。必要
なブロック（「ペンを下ろす」など指示が書かれたもの）
は画面左の同じ色のグループから探す。

※「ペンを下ろす」は，線を引き始めるという意味で「ペ
ンを上げる」は線を引くことをやめるという意味。

図1

4（教師）プログラムが完成したら，実行する前に［ファ
イル］－［直ちに保存］（図2）で保存しましょう。

図2

※ Scratch では，操作をしたあと，前に戻っていくことがで
きないので，実際にプログラミングしたものを実行する
前に保存しておくことが大切です。右上の［ただちに保
存］でも同じ場所に保存されます。

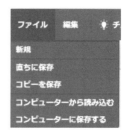

5（教師）保存したら旗 をクリックしましょう。

※旗をクリックすることで，プログラムが動き始めます。

6（児童）正方形を書くためにはどうしたらいいか考えてプログラミングを書く。

図3　　　　　　　　　図4　　　　　　　　　図5

※図3は正方形を書くための手順を一つ一つ書いたプログラムです。

　直線に100歩分線を引き，90度左に向きを変え，100歩分線を引きと同じ操作を4回繰り返すと図5のように正方形が完成します。

　図4のように，同じ操作を繰り返す指示ができるブロックを使ってプログラミングを書くこともできます。

7（児童）正方形が完成しなかった時は修正・実行を繰り返し完成を目指す。画面左

上の　🗀　で私の作品リストが開くので，保存した中から必要なプログラムの

[中を見る]で，試す前のプログラムが開くので修正します。

　正方形が書けたらいろいろな図形をプログラミングする。

主体的な学びを実現するためのポイント

　試行錯誤を繰り返すのがプログラミングの醍醐味です。基本的な使い方とモデルを学んだ子どもたちは，すぐに教師が思いもつかなかったような発想でプログラミングを楽しむようになります。

インクルーシブな視点を重視した授業づくりのポイント

　少し作ったら直ちに保存することを覚えると，いつでも保存したプログラムに戻ることができるので失敗を気にせず何度もチャレンジするようになります。

34 プログラミングでアート作品を作ろう

対応情報端末	Chromebook・Windows・iPad	想定対象	低学年から
使用するソフト例	Scratch3.0		
子どもの 学びとの関係	⑥ 自己表現の方法が多様になる ⑧ 学びのポートフォリオが蓄積される		

授業例 全学年・図工　　プログラミングでアートを楽しもう

学習内容

プログラミングでアート作品を作る。

学習の流れ

1 （教師）scratch で検索して，「Scratch ではじめよう！ プログラミング入門」の
ホームページを開きましょう。

2 （児童）先生からもらったユーザー名と
パスワードでログインする。［作る］ス
プライト（キャラクター）の猫が移動す
る場所を確保するために，スプライトに
カーソルを当てマウスの左をクリックし
たまま左下に移動する。先生の示した左
下のモデルのようにプログラムして，旗
をクリックする。

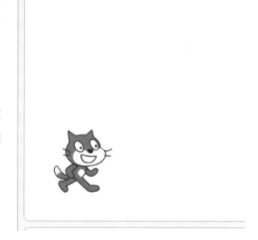

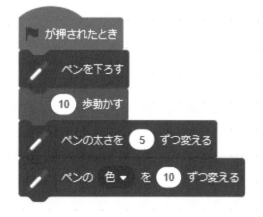

3（教師）どうですか。きれいだという声が聞こえました。Scratch で，このような
美しいデザインを描くことができます。

4（教師）もう一つ試してみましょう。このプログラミン
グで，旗をクリックするとどうなると思いますか。「ス
タンプ」は，動くたびにスタンプを押すように後が残る
機能です。プログラムしたら旗を繰り返しクリックして
みましょう。

5（児童）「ペンを下ろす」やスタンプの機能を使って，
自分でプログラムを書く。定期的に［ファイル］ー［直
ちに保存］で保存して，間違ったときに途中からやり直
せるようにする。

主体的な学びを実現するためのポイント

自分なりの発想で，人と同じではない作品を作る学習です。

インクルーシブな視点を重視した授業づくりのポイント

友だちの作品を見て面白いと思ったときは真似をしてもいいことにします。

実践アイディア

・［つくる］で，左上の［コ
スチューム］をクリック
するとこの画面になりま
す。スプライトの色や形
などの見た目を変化させ，
コスチューム２，コス
チューム３として保存す
ることができます。スプ
ライトの見た目を変化さ

せるプログラミングを書くときに使います。

35 パワーポイントで音声入りの発表資料を作ろう

対応情報端末	Chromebook・Windows・iPad	想定対象	低学年から
使用するソフト例	Microsoft PowerPoint（Google スライド）		
子どもの 学びとの関係	⑥　自己表現の方法が多様になる		
	⑧　学びのポートフォリオが蓄積される		

授業例　3年・国語　　わたしたちの町を紹介しよう

学習内容
町の行事についてグループで調べてクラスのみんなに発表する。

学習の流れ

事前の準備

4人グループで，町の行事について知っていることを出し合う。

どうやって調べるか計画を立てる。

本，パンフレット，ホームページ，取材（インタビュー，現地調査，写真撮影，動画撮影）などで素材を集める。

発表の計画を立てる。

1 （児童）調べたことをもとに Microsoft PowerPoint で発表資料を作成する。5分から7分の発表時間で紹介できる内容を考えながら1人1枚の予定で分担し Microsoft PowerPoint にまとめる。

ナレーションは，発表用のコメント欄に記入する。

下の［ノート］をクリックして現れる［ノートを入力］に記入する。

2 （児童）コメントの入力が全頁終わったら，［スライドショーの記録］をクリックする。

ノートを入力

　左上の録音ボタンを押し，上に表示されるコメントを読む。読み終わると，次のカードを表示し録音を続ける。最後のスライドまで録音が終わると完成。経過時刻を見て，予定時間と差がある時は，写真や解説で調整する。声が聞きやすいかどうかも班で話し合って，より聞きやすいナレーションになるように工夫する。

　左下にスライド全体の経過時間と今表示されているスライドの経過時間が表示される。右下には，話し手の顔を画面に出すか出さないかの選択ができるアイコンがある。

主体的な学びを実現するためのポイント

・構想から取材，編集，ナレーションまでを友だちと協力しながら行う過程で，自分で考えて判断する機会を何度も経験することができます。

インクルーシブな視点を重視した授業づくりのポイント

・書き込んだコメントを読む方法だと，あまり緊張せず発表できます。

36 視聴者限定動画を配信しよう

対応情報端末	Chromebook・Windows・iPad	想定対象	高学年から
使用するソフト例	Microsoft フォト（ビデオエディター），YouTube		
子どもの 学びとの関係	⑥ 自己表現の方法が多様になる　⑨ 情報モラルに敏感になる		
	プラスα オンライン学習に慣れる		

授業例 3年～6年・英語　自分の町の魅力を紹介しよう

学習内容
自分の町の魅力を英語で紹介する動画を作成する。

学習の流れ

・班ごとに，自分たちの住む町について，英語で3分以内で紹介する動画を作成する。教師は，完成した動画をYouTubeで視聴者限定動画として配信設定する。

1 （教師）班ごとに自分たちの住む町について，英語で3分以内で紹介する動画を作成しましょう。

2 （児童）班でシナリオを作成し，情報端末の動画撮影システムや動画撮影ができるカメラなどで撮影する。写真や動画は先生の撮影したものやウェブ上にあるもので利用可能なものも使える。

3 （児童）動画をビデオエディターで3分に編集する。

4 （教師）各班の作成した動画を，YouTubeで限定公開し，URLを児童に伝える。

5 （児童）友だちの班が作成した動画を見て，一言感想を書く。

6 （児童）自分の班の作成した動画について書かれた感想を読み，感じたことをワークシートにまとめる。

※学級通信に動画のURLとQRコードを掲載し，保護者に見てもらい感想を書いてもらう。

主体的な学びを実現するためのポイント

・教師は，条件を示した後は技術的なサポートだけを行い，児童の判断を尊重すると，班ごとに工夫し作品作りに取り組みます。

インクルーシブな視点を重視した授業づくりのポイント

・見る側の視点を強調し，声の大きさやテキストの大きさ・色の組み合わせなどに注意するよう声をかけます。

実践アイディア

- YouTube にログインすると動画を投稿できるので，教師が自分のログイン ID とパスワードをあらかじめ取得しておきます。YouTube の動画投稿は「限定公開」「公開」「非公開」の 3 種類から選択できます。

- 限定公開は動画の URL を知る人だけが閲覧できる方法で，特定の人しか閲覧できないので，授業で作成した動画は基本的には限定公開とします。

- 動画を公開するにはログインし，画面右上のビデオアイコンから動画アップロード画面に進み，動画のある場所を指定するか，ファイルをドラッグアンドドロップしてアップロードします。必要に応じてサムネイルや題名・説明文，終了画面等の「動画の要素」を設定します。

- アップロードした動画の一覧管理画面から「限定公開」の動画を選択します。再生された後，動画下部の「共有マーク」を選びます。選択後に共有アプリと URL が表示されるのでコピーし，公開したいユーザーに送信します。URL 送信後は共有したユーザーのみが閲覧可能になります。

- 保護者が親戚に紹介することなどを前提に，個人名など個人情報は慎重に取り扱い，万が一他クラスの保護者が見ても問題ないように，教師が責任をもって内容を点検して必要な指導を行います。

▶ 動画をアップロード

((•)) ライブ配信を開始

| 詳細 | 動画の要素 | チェック | 公開設定 |

公開設定

動画の公開日時と、視聴できるユーザーを選択します。

- ◉ 保存または公開
  動画は公開、限定公開、非公開のいずれかにします。
  - ○ 非公開
    自分と自分が選択したユーザーのみが動画を視聴できます
  - ○ 限定公開
    動画のリンクを知っているユーザーが動画を視聴できます
  - ○ 公開
    全員が動画を視聴できます
    □ インスタント プレミア公開として設定する ⑦

- ○ スケジュールを設定
  動画を公開する日付を選択します

67854720 2289208574519891
28102412540366602880 n

動画リンク
https://youtu.be/L_ZXjfYRsbl

37 スライドショーでクイズを作ろう

対応情報端末	Chromebook・Windows・iPad	想定対象	高学年から
使用するソフト例	Microsoft PowerPoint（ロイロノート，Google スライド）		
子どもの 学びとの関係	⑥ 自己表現の方法が多様になる		
	⑦ 思考力と判断力が可視化される		

授業例 6年・社会　　歴史学習のまとめ

学習内容
歴史で学習した人物をクイズでまとめる。

学習の流れ

1 （教師）歴史で学習した人物一覧です。

卑弥呼　聖徳太子　小野妹子　中大兄皇子　中臣鎌足　聖武天皇　行基　鑑真

藤原道長　紫式部　清少納言　平清盛　源頼朝　源義経

北条時宗　足利義満　足利義政　雪舟　ザビエル　織田信長

豊臣秀吉　徳川家康　徳川家光　近松門左衛門　歌川広重　本居宣長

杉田玄白　伊能忠敬　ペリー　勝海舟　西郷隆盛　大久保利通

木戸孝允　明治天皇　福沢諭吉　大隈重信　板垣退助　伊藤博文

陸奥宗光　東郷平八郎　小村寿太郎　野口英世

---

2 （教師）この中から1人を選んでクイズを
作りましょう。パワーポイントで，ヒントを
3枚，回答を1枚作ります。ヒントはわかり
にくいものから順番に示します。

※例を使って説明し，印刷した資料を教室に掲示
します。

3 （児童）個人で作成する。資料は，教科書，
資料集，ノート，図書館の資料，ウェブサイ
トなど。

　作成したクイズは，班の友だちに試しに解
いてもらう。気になるところが見つかった場

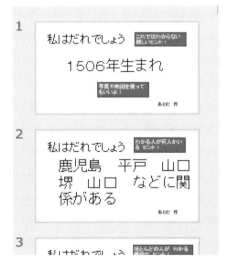

合は修正する。

4 （教師）できたスライドショーは，先生と共
有してください。

＊右上の［共有］，先生を指定して［送信］で
共有できる。

5 （児童）作成したクイズを，大型モニターを
使って全員に出題する。

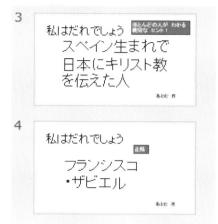

主体的な学びを実現するためのポイント

・難易度を考えたヒントを作る活動で，歴史上の人物についていろいろな情報を調べ
て選択する体験ができます。ペアの子どもと検討する機会を持つことで，自分の考
えを見直すことができます。

インクルーシブな視点を重視した授業づくりのポイント

・早く問題を作成した子どもは，ペアの子どもから求められたときは情報端末の操作
やヒント作りに協力します。

実践アイディア

・ロイロノートを使う場合は，ヒントのカードをわかりにくいものから順につないで
スライドショーの形にして提出箱に出すようにします。

38 写真俳句を作ろう

対応情報端末	Chromebook・Windows・iPad	想定対象	中学年から
使用するソフト例	Microsoft PowerPoint，（一太郎，Google ドキュメント）		
子どもの学びとの関係	⑥　自己表現の方法が多様になる		
	⑩　個別学習が充実する		

授業例　6年・国語　　写真俳句を作ろう

学習内容　気に入った花をカメラで撮影して，花の写真と自分の気持ちを表した俳句で写真俳句の作品を作る。

学習の流れ

1　（教師）写真俳句の作品を作りましょう。いくつか例を紹介します。

写真俳句連絡協議会によると，写真俳句の基本は次の三つです。

---

①　自作の写真を使う

②　自作の俳句・川柳（五七五）を使う

③　写真と五七五を一体化させて表現する。

　　校内に咲いている花を素材にします。花が決まったら何枚か写真を撮り，俳句もその場で考えてみましょう。俳句は未完成でも，〇時〇〇分までに教室に戻りましょう。

2　（児童）教室に戻ったらパワーポイントに写真を貼り付けて，俳句と名前を入力し，大きさや位置を検討する。

3　（教師）完成した作品に誤字脱字がないかを確認し，印刷していいよと声をかけて回ります。

4　（児童）作品をA４用紙にカラーでプリントアウトして教室に掲示する。データは先生と共有する。

5　（児童）掲示された友だちの作品に対する感想を書いて提出する。

6　（児童）友だちが書いた自分の作品への感想を読み，まとめの文を書く。

あわてんぼ
時間を聞いたよ
時計草

畑中緑

主体的な学びを実現するためのポイント

・自分で調べたことを ICT 機器を使って発表することで，他教科でも使えるスキルを身につけることができます。

インクルーシブな視点を重視した授業づくりのポイント

・言葉での発表が苦手な児童でも，写真と文字入力という表現方法で自己表現をすることができます。

実践アイディア

・全員の俳句作品を，交流している学内外の学級に送って見てもらい感想を書いてもらいます。相手の環境によっては，スライドショーの形にまとめてメール添付で送ります。

・Zoom の作品共有機能を使って，それぞれの作品を順に紹介して，感想を言葉やチャット機能を使って文字で交流します。

・友だちの作品への感想を Microsoft Teams や Google Classroom を使って伝えると，記録として保存しやすくなります。

39　手書きで絵日記を書こう

対応情報端末	Chromebook・Windows・iPad	想定対象	低学年から
使用するソフト例	Bing や Google，Microsoft PowerPoint（Google スライド）		
子どもの 学びとの関係	⑥　自己表現の方法が多様になる		
	⑩　個別学習が充実する		

授業例　全学年・国語図工　　絵日記

学習内容
Microsoft PowerPoint を使って手書きで絵日記を書く。

学習の流れ

1 （教師）Microsoft PowerPoint で手書きの絵日記を書きます。最近の出来事のなかで面白かったこと，びっくりしたこと，わくわくしたことがありましたか。一つ選んで絵日記にしましょう。
2 （児童）しばらく何を書くか考える。
3 （教師）Microsoft PowerPoint を開きましょう。［描画］をクリックしましょう。

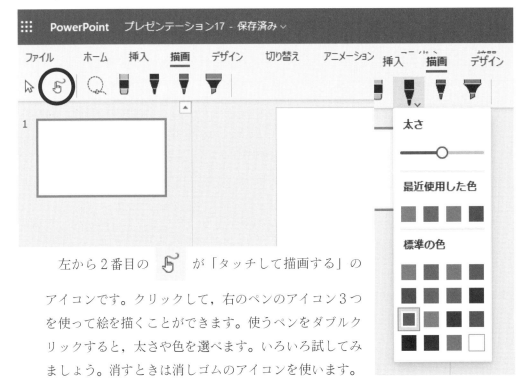

左から 2 番目の 🖐 が「タッチして描画する」のアイコンです。クリックして，右のペンのアイコン 3 つを使って絵を描くことができます。使うペンをダブルクリックすると，太さや色を選べます。いろいろ試してみましょう。消すときは消しゴムのアイコンを使います。

あさ6時におきました。
さんぽをしていていたら，
ヤンバルクイナに会いました。
おとうとが，
「わっかわいい」
と大きな声でさけんだので，
わたしは
「シー」
とおとうとの口をおさえまし
た。

（サンプル：作・蔵満結花）

4（児童）それぞれの絵を描く。完成した作品は，［共有］で先生と共有します。そして印刷し，作品は教室に掲示する。

主体的な学びを実現するためのポイント

子どもの想像力を引き出し自由に表現させます。他者を不愉快にさせる内容でないかどうかなどは確認し，問題があるときは指導をします。

インクルーシブな視点を重視した授業づくりのポイント

サンプルをモデルとして示すことで，安心して取り組みやすくなります。

実践アイディア

・手書きの紙芝居制作に取り組ませる場合は，複数のシートを使って絵を書き，お話はメモに書きます。
・作品を Microsoft Teams や Google Classroom に保存して共有すると，互いに鑑賞したり，感想を書き合ったりすることができます。

40 簡単なクイズを作って友だちと楽しもう

対応情報端末	Chromebook・Windows・iPad	想定対象	中学年から
使用するソフト例	Microsoft Forms（Google フォーム）		
子どもの 学びとの関係	⑥　自己表現の方法が多様になる　　⑦　思考力と判断力が可視化される		
	プラス α オンライン学習に慣れる		

授業例 5年　いろいろな教科・領域　クイズを作ろう

学習内容

　学習したことを解説付き三択クイズにする。

学習の流れ

1（教師）まず，先生の作った問題を Microsoft Teams のチャンネル・クイズに置いたので挑戦しましょう。

2（児童）Microsoft Forms で作成されたクイズを体験する。

3（教師）みんなも，Microsoft Forms を使って，クイズを作りましょう。授業で学習したり，自分で調べたりしたことをもとに，自分で問題を考えようね。作る問題は1問で答えは三択を用意します。正解の友だちにも不正解の友だちにも，解説を付けて友だちに正しい知識を伝えようね。

4　Office 365 にログイン－［Forms］－［新しいクイズ］－「無題のクイズ」に○○クイズと入力，○○は教科名など，［新規追加］－［選択肢］

　「質問」に問題を入力。三択を「オプション 1」「オプション 2」，［オプションを追加］して現れる「オプション 3」に記入。正解のオプション枠をクリックすると右に現れるアイコンの正解チェックをクリック。3つのオプションにそれぞれ，右側の真ん中の吹

き出しマークのアイコンをクリックして，それぞれの選択肢を選んだ友だちが読む解説を記入する。点数入力で完成。[オプションを追加]で選択肢をいくつでも増やせます。

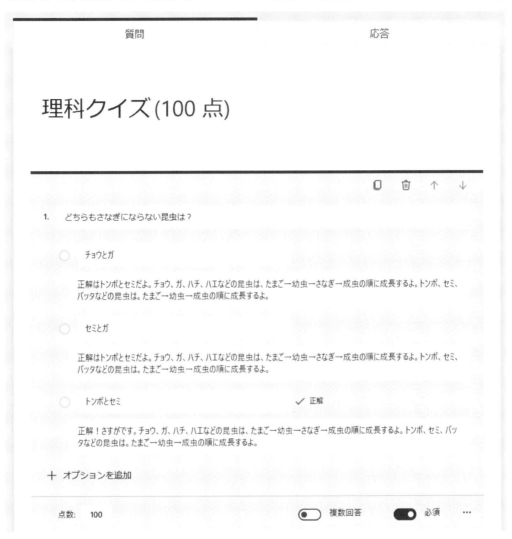

5（児童）右上の［共有］－［URLを短縮］チェック－［コピー］。

　Microsoft Teams に戻り，［チャンネル・クイズ］－［新しい投稿］－（一番左の）［書式］－「件名を追加」に「〇〇クイズ」，〇〇は自分の名前を記入－そして，リンクコピーを貼り付ける。

6（教師）完成したら，公開された友だち
　　のクイズに解答しましょう。

7（児童）友だちの作ったクイズに回答
　　し，［結果の表示］で正解か不正解かを
　　確認し解説を読む。

8（児童）全員の回答が終わったら，
　　Office 365 の Microsoft Forms で自分の
　　作成した問題を開いて，［応答］で友だ
　　ちの選択した結果を確認する。

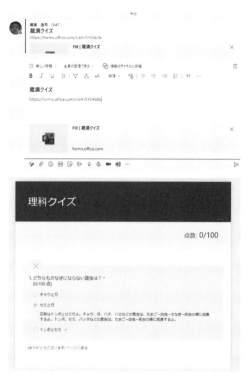

主体的な学びを実現するためのポイント

問題・三択・解説とクイズを作成する活動は主体的な思考を促します。

インクルーシブな視点を重視した授業づくりのポイント

下書きをしたい児童用に，フォームズに合わせたワークシートを作成しておきます。

実践アイディア

> 無題のクイズ

・クイズの題名をつける枠の右のアイコンをクリックすると，パソコンやワンドライ
　ブに保存されている写真を使うことができます。

【執筆協力：當間比呂，仲松夕里菜，岸本恵一】

41 分岐型クイズを作って友だちと楽しもう

対応情報端末	Chromebook・Windows・iPad	想定対象	中学年から
使用するソフト例	Microsoft Forms		
子どもの 学びとの関係	⑥　自己表現の方法が多様になる　　⑦　思考力と判断力が可視化される		
	プラスα　オンライン学習に慣れる		

授業例 | 全学年　いろいろな教科・領域　分岐型クイズを作ろう

学習内容
　　　学習したことを分岐型のクイズ問題を作って友だちに解いてもらう。

学習の流れ

1（教師）先生の作った問題を Teams のチャネル・クイズに置いたので挑戦しましょう。

2（児童）Microsoft Forms で作成された三択クイズを体験する。

3（教師）みんなも，Microsoft Forms を使って，クイズをつくりましょう。授業で学習したり，自分で調べたりしたことをもとに，自分で問題を考えようね。作る問題は1問で三択。正解の時は説明を読んで終わり，不正解の時は，説明を読んでもらってもう一度問題に挑戦してもらうという少し複雑なクイズです。

4（児童）教師が用意したワークシートに問題，三択，誤答の時の説明をメモする。書き終わったら先生に見せ確認してもらい端末を開く。

ワークシート

問題

三択

ヒントになる情報やURL

追加問題

三択

最後のメッセージ

5（児童）Office365 にログイン－［Forms］－［新しいクイズ］－「無題のクイズ」に例えば理科クイズと入力する。［新規追加］－［選択肢］で「質問」に問題を入力。三択を「オプション1」「オプション2」では足りないので、［オプションを追加］して現れる「オプション3」に記入。

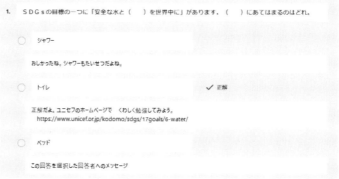

6（児童）正解に✓する。

　クイズ結果の画面に表示される解説を書く。

7（児童）1問目が不正解だった友だちに、ヒントになる資料を準備する。「教科書の〇〇ページを見てみよう」「授業では〇〇さんが発表していました」「〇〇を見て、もう一度問題に答えましょう」のように書いてもいいし、参考になるホームページの URL を貼り付けてもいい。三択で選択肢は一つだけ「見ました」を作る。

2. おしい！　ユニセフのウェブサイトを見てね
https://www.unicef.or.jp/kodomo/sdgs/17goals/6-water/

○　見ました

8（児童）1問目で不正解だった友だちが次に回答する追加問題になる第3問を［新規追加］－［選択肢］で1問目と同様に作成し，正解に✓する。

9（児童）正解を選んだら終了。不正解を選んだらヒントのある第2問，そして再挑戦問題になる第3問に進むよう分岐を設定する。

右下の［横三点］－［分岐を追加する］で，正解は「フォームの末尾」（終わりの画面）へ，不正解は第2問へ。第2問は「見ました」を選ぶと第3問へ，「まだ見ていません」を選ぶと第1問へ戻るように設定する。第3問は，どれを選んでも「フォームの末尾」（終わりの画面）へ進むよう設定する。

10（児童）右上の［横三点］－［設定］の回答のオプションでお礼のメッセージをカスタマイズするを✓する。お礼だけでもいいが，ここに正解を書くこともできる。

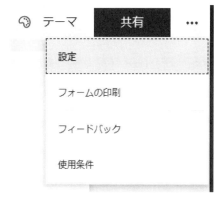

※設定で「1人につき1回の回答」の✓を外しておくと何度でも挑戦できるようになる。

11（児童）完成したので，［共有］－ＵＲＬを短縮－［コピー］。Teams に戻り，

[チャネル・クイズ] −［新しい投稿］で［書式］−「件名を追加」に○○クイズと書いて，クイズへのリンクを貼り付ける。

12 （教師）完成したら，友だちのクイズを解きましょう。

※お礼のメッセージをカスタマイズした場合は，ここで右のように表示される。

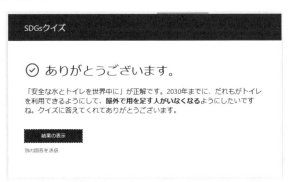

13 （児童）友だちの作ったクイズを解き，［結果の表示］で結果を確認する。

※結果は右下のように表示される。不正解の問題はピンク色で強調される。

14 （児童）全員の回答が終わったら，Office365 のフォームズで自分の作成した問題を開いて，［応答］で友だちの選択した結果を確認する。

※応答では，回答者数，選択肢ごとの回答者数，選択肢別のおおまかな割合がわかる円グラフなどが表示されます。回答者ごとの回答も確認できるので，個別指導の情報源として活用することも可能です。

主体的な学びを実現するためのポイント

プログラミング思考の一つとして大切な「条件分岐」の学習にもなる。どのような三択にするかを考えることが大切な思考訓練にもなる。

インクルーシブな視点を重視した授業づくりの視点から

サンプルをもとに文字の入れ替えだけで作成することもできる。

42 Zoom で朗読を練習しよう

対応情報端末	Chromebook・Windows・iPad	想定対象	低学年から
使用するソフト例	Zoom（Google Meet，Microsoft Teams）		
子どもの 学びとの関係	⑥ 自己表現の方法が多様になる プラスα オンライン学習に慣れる		

授業例 全学年・国語　**読書活動**

学習内容

友だちにおすすめの一冊を紹介する。

学習の流れ

事前の準備

教室で行う場合は，マイク付きヘッドフォンが必要です。空き教室やオープンスペースを使い分散して実施するのが理想的です。

児童は，みんなにすすめたい本を一冊選んでおく。本は自宅にある本や図書館などから借りた本で当日用意できるものにする。2頁程度，みんなに紹介したい部分を話の前半から決めて（ネタバレにならないように）音読の練習をしておく。

1 （教師）こんにちは。Zoom を使った読書会を始めます。おすすめの本を用意していますね。Zoom のブレイクアウトルームという機能を使って4人グループを作ります。発表順は名前の五十音順です。よくわからないときは自分たちで決めてください。

2 （児童）グループで順に自分の紹介したい本を紹介する。本の表紙を最初に見せる。

「わたしの紹介したい本は，灰谷健次郎の『兎の目』です。新任の小谷先生と学校ではしゃべらない少年鉄三や転校生みな子が登場する忘れられない物語です。読みます」と著者名と書名，簡単なあらすじを話して，3分で読める程度の文を読む。

3 （児童）1人が読み終わったら，聞いていた3人がミュートを解除して一言ずつ感想を話します。

「鉄三がとても気になりました。ぼくにも似た経験があるからです。学校の図書室にもありますか。」

「ありますよ。ぜひ読んでみてください。」

「灰谷健次郎の書いたほかの作品を読みたくなったので，調べてみます。」

※教師はグループをウェブ上で順番に渡って発表を聞きます。なるべく発言はしません。

主体的な学びを実現するためのポイント

本は自分でよく考えて選びます。友だちに読んでもらうことを目的に設定すると友だちの好きな本の傾向も参考にし慎重に選択します。

インクルーシブな視点を重視した授業づくりのポイント

自分の好きな本を友だちに紹介する活動なので，お互いの好きなことがわかり，会話のきっかけにもなります。なかなか友だちとの会話が成立しない児童にとっては，自分の好きな物に興味を持ってもらえるチャンスになります。

実践アイディア

・ビブリオバトル形式の読書紹介。まずはグループで行います。面白いと思う本を一人４分間で紹介した後で，参加者は質問や感想を話します。全員の発表が終わったら，一番読みたくなった本を投票で決めます。一番に選ばれた本をグループ本賞とし，次に学級全員でグループ本賞に選ばれた本で同じことをし，全員がチャットで投票し，一番に選ばれた本を学級本賞とします。

・オンラインで実施するときは，校内の他クラスや他の学校のクラスと合同で取り組むことができます。本の紹介をしながら，新しい友だちを見つけたり，遠い学校の様子を知ったりするわくわくする活動が期待できます。

　遠い学校と合同で取り組む時には，学校のある地方を紹介する本や地域を舞台にした民話などに限定して取り組むこともできます。

・人数が少ない時には，学校司書や学校の保護者や民間の朗読グループに参加してもらったり，最後にお手本として朗読してもらったりすることもできます。

43 表を入れたプレゼンテーションを作ろう

対応情報端末	Chromebook・Windows・iPad	想定対象	低学年から
使用するソフト例	Google スプレッドシート・Google スライド（Microsoft PowerPoint）		
子どもの 学びとの関係	⑥　自己表現の方法が多様になる　　⑤　情報処理が容易になる ⑧　学びのポートフォリオが蓄積される　　プラスα オンライン学習に慣れる		

授業例　5，6年・国語・総合的な学習　　**方言学習**

学習内容

方言について調べたことを表入りのプレゼンソフトにまとめる。

学習の流れ

事前の準備

自分のテーマ「鹿児島の方言」についてアンケート調査を実施し記録をとっておく。

1（教師）自分の課題に関係のあるアンケート調査をし，結果をノートに書いていますね。自分の調べた結果を表やグラフにして，みんなに紹介するプレゼンテーションを作りましょう。Google のスプレッドシートとスライドを使います。

2（児童）スプレッドシートに「6年生が知っていた鹿児島方言ランキング」とタイトルを入力し，次に調査した結果を表で表す。

6年生が知っていた鹿児島方言ランキング　☆ ▣ ☁
ファイル　編集　表示　挿入　表示形式　データ　ツール　アドオン　ヘルプ　　<u>最終編集: 12 日前</u>

A1　｜　fx　｜　よかど

	A	B	C	D	E	F	G
1	よかど	げんねか	とぜんね	うまか	よかにせ	よかおごじょ	
2	15	14	10	9	8	7	
3							

表全体を指定したあと，[挿入]－[グラフ]で，グラフエディタを開く。
[設定]で，グラフの種類（折れ線・面・縦棒・横棒・円・散布図・地図・その他）（次ページ参照）から，いくつか試し，

自分の話したいことをわかりやすく表現するグラフを選ぶ。

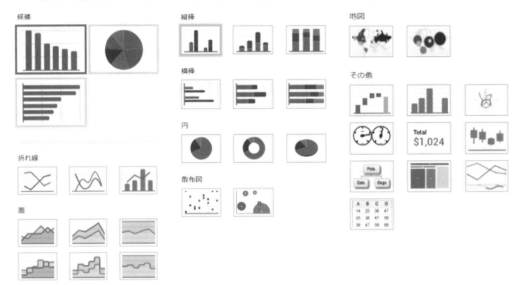

グラフを選択するとスプレッドシートの中に表示される。

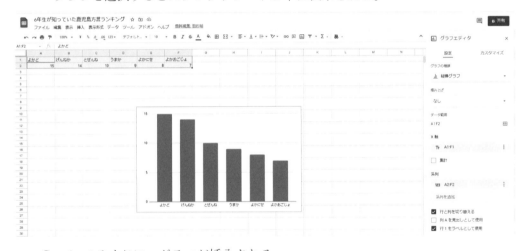

Google スライドに，グラフが挿入されるので，グラフの大きさを調整し，テーマ，調べた人数，調べた期間，調べた人，調べてわかったこと，調べた時期などを書き入れると完成。

3（教師）Google スライドには，写真や音声，動画，図形なども挿入することができます。試したい人はやってみましょう。

4（児童）完成した Google スライドを使って友だちに調べたことを発表する。

グラフの挿入

スプレッドシート

ファイル

6年生が知ってい…　　テスト用アンケー…

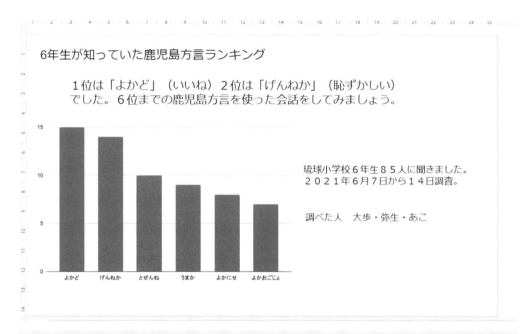

6年生が知っていた鹿児島方言ランキング

1位は「よかど」（いいね）2位は「げんねか」（恥ずかしい）でした。6位までの鹿児島方言を使った会話をしてみましょう。

琉球小学校6年生85人に聞きました。
2021年6月7日から14日調査。

調べた人　大歩・弥生・あこ

主体的な学びを実現するためのポイント

　グラフから選ぶときに，理由を言葉で表現させることで，表現したいことに合った資料を用意することの大切さに気付かせます。

インクルーシブな視点を重視した授業づくりのポイント

　グラフ一枚の Google スライドから始め，必要に応じて複数のページを作成したり挿入するものを増やしたりすると，いろいろな機能が自然に使えるようになります。

実践アイディア

・Google スライドで作成したデータを，［ファイル］－［ダウンロード］－［パワーポイント］で，パワーポイントに変換することができます。
・パワーポイントのデータを Google スライドに変換することも可能です。新しいプレゼンテーションを作成し開く，［ファイル］－［スライドをインポート］または［ファイル］－［開く］。

44　思考ツールで調べたことを整理しよう

対応情報端末	Chromebook・Windows・iPad	想定対象	中学年から
使用するソフト例	ロイロノート，NHK for School		
子どもの学びとの関係	⑦　思考力と判断力が可視化される　　②　学習教材が豊富になる		
	プラスα オンライン学習に慣れる		

授業例 | 5年・家庭科　　暑い夏の過ごし方

学習内容

暑い夏の過ごし方を考えて思考ツールを使って整理する。

学習の流れ

事前の準備

ロイロノートの提出箱に「暑い夏の過ごし方」を設定しておく。

ロイロノートの資料箱に「家庭科」を設定しておく。

1（教師）暑い夏の過ごし方について調べて紹介しあいましょう。今日は思考ツールのフィッシュボーンを使ってまとめてみましょう。

　　NHK for school におすすめ動画「夏の暑さをイカんせん」があります。よかったら参考にしてください。

※［NHK for school］－［検索「暑い夏」］の動画

2（児童）自分の経験・教科書・資料集・ホームページ・動画などの資料をもとに，「暑い夏の過ごし方」のヒントを書き出す。調べたことを四つのグループに整理しながら，右のロイロノートの［シンキングツール］（思考ツール）－［フィッシュボーン］にまとめていく。

3（児童）完成したら先生の［提出箱］「暑い夏の過ごし方」に提出する。

4（児童）全員が提出したら，全員のカードをそれぞれの端末で見て，自分のカードにないもので，共感する物をメモする。

5（教師）全員の意見を参考にして黒板に板書した大き

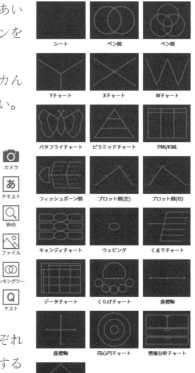

なフィッシュボーンを完成する。完成したフィッシュボーンは，写真に撮って児童がだれでも見ることのできる［資料箱］の家庭科に保存する。

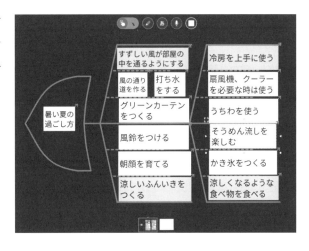

主体的な学びを実現するためのポイント

フィッシュボーンは，1956 年に石川馨（いしかわかおる）氏が考案した思考ツールです。図の形が魚の骨に似ているからつけられた名前です。テーマに関連のあることをタイプ別に分類して俯瞰することができるから，テーマを理解したり，解決のための計画を立てやすくなると評価されています。名前と形から，子どもたちが親しみやすいことと，項目を立てて考えると思い浮かびやすいという点も長所です。

インクルーシブな視点を重視した授業づくりのポイント

項目を整理して書いていくことから，思考が整理しづらい子どもの場合は，教師が項目を立てる段階でサポートすることで，具体的な内容を考えやすくすることができます。

実践アイディア

・Microsoft PowerPoint では，右のようにフィッシュボーンなどの思考ツールの形を作図し，テキスト入力の形で書き込み，できあがった物を共有する方法で学習することができます。

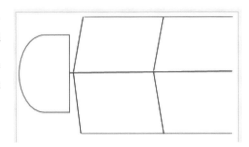

45　思考ツールで考えを広げようまとめよう

対応情報端末	Chromebook・Windows・iPad	想定対象	低学年から
使用するソフト例	ロイロノート		
子どもの 学びとの関係	⑦　思考力と判断力が可視化される		
	⑧　学びのポートフォリオが蓄積される		

授業例　4年・社会　　ごみの処理と再利用

学習内容　ごみを減らすための「3R(スリーアール)」，わたしたちにできることを考える。

学習の流れ

事前の学習

　ごみを減らすための「3R」について授業を行い，自分たちにできることを調べてメモするよう課題を出しておく。

　ロイロノートの提出箱に，「3R，わたしたちにできること」の提出箱を作成しておく。

1　（教師）みんなが調べた，ごみを減らすための「3R，わたしたちにできること」を整理しましょう。

> リデュース（Reduce）…… ごみを作らない（発生させない）運動
> リユース（Reuse）…………ごみを出さない（繰り返し使う）運動
> リサイクル（Recycle）…… ごみを生かす（資源に戻す）運動

2　（教師）課題を解決するために，自分にできることを考えて，Yチャートに書き込もう」

3　（児童）ロイロノートにログインして，思考ツールからYチャートを選んで，自分にできることをカードに書き込む。

※Yチャートは三つの視点で考える思考ツールです。リデュース（Reduce），リユース（Reuse），リサイクル（Recycle）の三つの視点で，ごみを減らすために自分たちができることを考えます。書くときは思いついたことをとにかく書いていくことが大切で，無関係に思えるものも，とにかく書くように指導します。

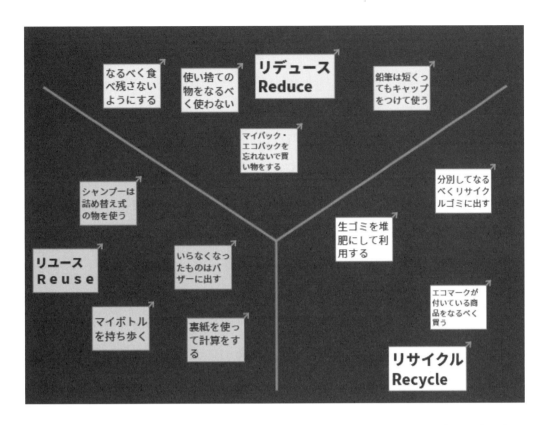

　　ピンクのカードはリデュース（Reduce），青のカードはリユース（Reuse），白い
カードはリサイクル（Recycle）と色分けすると整理しやすくなります。

4（児童）書いたものを自分が実際に行動できるかどうか
　考えてピラミッドチャート（次頁上図）にまとめる。右
　上の［横三点］－［ツールを切り替え］で［ピラミッド
　チャート］を選択して，ピラミッドの形にカードを再配
　置する。できあがったものをペアの相手に送信して意見
　交換を行い，場合によっては修正する。

5（児童）完成した思考ツールを提出箱「3R，わたした
　ちにできること」に提出する。

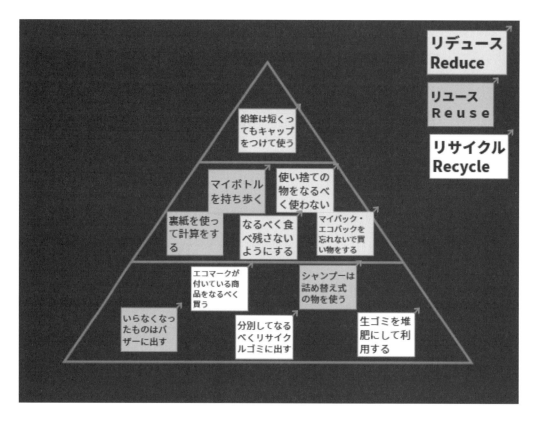

※ピラミッドチャートは,自分の考えをランク分けすることによって明確にする思考ツール。下から上に向けて重要なものと判断した物を配置する。判断するときの思考は,意見を発表したり,友だちの意見との違いを意識させたりすることにつながります。

主体的な学びを実現するためのポイント

・思考の拡散と収束を思考ツールを使う授業です。拡散は自分の持つ知識や授業を受けて新たにわかったことや思ったことを書き加えていく作業です。たくさん書き出したものを,自分が実際に取り組めるかどうかで順番をつけてまとめるピラミッドチャートを使って収束します。

インクルーシブな視点を重視した授業づくりのポイント

・モデルを作成し,黒板に貼っておくと作業しやすくなります。

46　学びのポートフォリオを活用しよう

対応情報端末	Chromebook・Windows・iPad	想定対象	低学年から
使用するソフト例	Google ドライブ，Microsoft OneDrive		
子どもの 学びとの関係	⑧　学びのポートフォリオが蓄積される		
	⑩　個別学習が充実する		

授業例 | 6年・算数　　分数÷分数

学習内容 | これまでに身につけた考え方を生かして，分数どうしのわり算の意味やしかたを考える。

学習の流れ

1 （教師）板書する。

$\frac{3}{5}$ ㎡の壁をぬるのに赤いペンキ $\frac{1}{4}$ dl 使います。このペンキ 1 dl あたり何㎡ぬれますか。

2 （教師）この問題の解き方を考えてみましょう。いつものように，考え方と解き方を考えましょう。学びのポートフォリオを参考にしてもいいですよ。

3 （児童）自分の情報端末から，自分のファイルを保存しているドライブの算数フォルダから，考え方についてまとめた資料を開く。記録してある算数の問題の考え方から，新しい課題を解決するために役立つのはどれかを考える。

4 （教師）自分で作ってきたマイ「算数の考え方7」を試しましょう。
これまでの学習のまとめの記録も見ていいよ。

5 （児童）・計算の時は，図作戦がいつも役に立つから，かけわり図

マイ「算数の考え方7」　　第5版

1　**関係作戦**
　　これまでに学んだ勉強と関係があるはず
2　**簡単作戦**
　　分数・小数は整数にしてみる
　　大きな数は小さな整数にしてみる
3　**分ける作戦**
　　知っているものに分けられないか
4　**図作戦**
　　かけわり図、グラフ、思考ツールは使えないか
5　**かん作戦**
　　大体の答えでいいから出してみる
6　**そろえる作戦**
　　単位やはじまりをそろえたり、ずらしたりしてみる
7　**おしゃべり作戦**
　　友だちに話している間にきがつくかも

や線分図を試してみよう。

・まず，かん作戦で，大体の答えを出してみよう。

6（児童） 1 dl あたりを求める問題だからわり算だ。かけわり図を書いて考えると，全体の量÷いくつ分になるなあ。

主体的な学びを実現するためのポイント

・教科ごとに「自分の考え方」を文字で整理し，情報端末からいつでも出せるようにしておくと，新しい課題に出会ったときに役に立ちます。教師が子どもたちと相談して学級全体で同じ文言で作成するよりも，児童がそれぞれ納得した文言でまとめさせるほうが，活用するようです。

インクルーシブな視点を重視した授業づくりのポイント

・いつでも「考え方」を見ていいことにしておくと，困った児童はファイルを開いて自分なりの手順でいろいろと試すことができます。何をすればいいかわかりやすい表現になるよう助言します。

・考え方を個人でまとめることと並行して，学級全体でも基本的な学び方についてまとめることが，学習が遅れがちな子どもにとっては必要です。
沖縄県の島袋恵美子先生は，算数の術として，子どもたちの算数学習での考え方をまとめて教室に掲示していました。

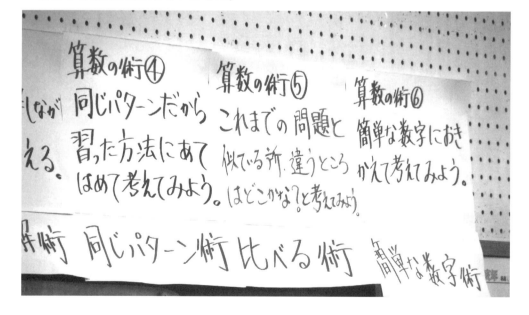

47　作文を書こう

対応情報端末	Chromebook・Windows・iPad	想定対象	中学年から
使用するソフト例	Google ドキュメント		
子どもの 学びとの関係	⑩　個別学習が充実する　⑧　学びのポートフォリオが蓄積される		
	プラスα　オンライン学習に慣れる		

授業例 ｜ 全学年・国語　　**作文練習**

学習内容
ワープロソフトを使って作文練習をする。

学習の流れ

事前の準備

課題（300字作文）のワークシートを作成する。

Google Classroom で［授業］－［作成］－［課題］－［タイトル］記入・300字作文
－［作成］－［ドキュメント］－［無題のドキュメント］記入・300字作文

　ワークシートに名前と題名を書く場所を決めた後で，［フォントサイズを拡大する］
で少し大きくすると見やすい。下の例のワークシートでフォントの大きさは23。一つ
前の課題の設定を決めるページに戻って，［各生徒にコピーを作成］をクリック。（次頁
上図）

名前（　　　　）

題名（　　　　　　）

※　［生徒はファイルを閲覧可能］では資料を見る
　　だけで書き込むことができない。［生徒はファイ
　　ルを編集可能］だと全員が同じファイルに記入
　　することになる。

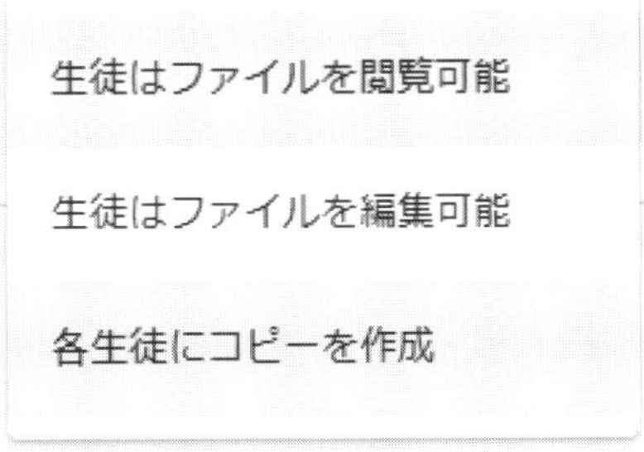

生徒はファイルを閲覧可能

生徒はファイルを編集可能

各生徒にコピーを作成

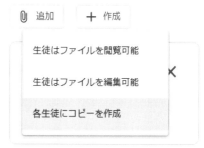

　課題が完成したら，右上［課題を作成］で児童全員に書き込めるファイルが送られる。ファイルの配付を予定するときは［予定を設定］し，まだ未完成だったり，配付予定が決まっていないときは［下書きを保存］を選ぶ。この時に，提出期限を設定したり採点するしないを決めることができる。

1（教師）Google Classroom で 300 字作文を開きましょう。ファイルに，名前と題名を書いて，・の後から作文を書きましょう。［ツール］－［文字カウント］－［入力中に文字数を表示］で，左下に文字数を表示することができます。左下の表示は，スペースを除く文字数にして，文字数は名前と題名を入れて，300 字以内になるようにしましょう。

2（児童）文字数表示の方法も覚えたので，それぞれ作文を書き始める。文字数を調整して完成したら，先生と共有する。

3（教師）帰ってきたファイルを開き，右上の［編集］を［提案］に変えて，添削を書き込み返却する。

主体的な学びを実現するためのポイント

　添削は提案なので，訂正したり，そのままにしたり，提案とは別の修正を行うなど，自分で思考し判断することが大切になります。

インクルーシブな視点を重視した授業づくりのポイント

　個別に端末を通した説明を行うので児童の個性に対応した指導が行えます。また文字で残るのでゆっくり読み指導することができます。

48 自分の知識と技術を高めよう

対応情報端末	iPad	想定対象	低学年から
使用するソフト例	iPad アプリ		
子どもの 学びとの関係	⑩ 個別学習が充実する プラスα オンライン学習に慣れる		

授業例 全学年　　国語・漢字学習

学習内容

学習した漢字を練習する。

学習の流れ

1（教師）iPad で，10 分間「漢字ドリル 1026」で漢字の復習をしましょう。

2（児童）それぞれの iPad で，前回の続きから漢字ドリルに挑戦する。ペンで記入して満点になったら次に進む。

3（教師）巡回しながら，使い方に慣れていない児童に助言する。

Gakko Net Inc.（課金部分あり）

主体的な学びを実現するためのポイント

　自分のペースで漢字練習に取り組むことができます。iPad用の学習アプリは多種多様です。広告が入るもの，広告を削除する場合は料金が発生するもの，全部無料のものなどタイプは様々です。教師が事前に試して，目的に合っているか，好ましくない広告が出ないかなど十分試してからインストールする必要があります。

インクルーシブな視点を重視した授業づくりの視点から

　現在の学年に限定せず，児童の実態に応じて必要な学年から取り組ませることができます。同じように個別学習に向いているアプリをいくつか紹介します。

　「新・筆順辞典」は，画面に直接漢字を書き込み調べたい漢字を見つけると，筆順がアニメーションで表示されるアプリ。漢字が苦手な子どもでも楽しみながら学習することができます。

　　　　発売元　NOWPRODUCTION, CO.,LTD（広告無しは有料）

　「漢字ルーペ」は，漢字を画面いっぱいに表示するアプリ。細かい文字が読みづらい子どもにはとても便利な機能です。

　　　　　　　　　発売元　Prunus　ipad対応（無料）

　算数計算のアプリなら「算数忍者〜たし算ひき算〜」が人気。累計340万ダウンロードされている。主人公の忍者が修行をしながら，すごろくのように進んでいくゲーム。ステージをクリアするとキャラクターデザインをコレクションできる。

　　　　　　販売元　Fantamstick　iPad対応　有料部分あり

49　ミニテストに答えて復習しよう

対応情報端末	Chromebook・Windows・iPad	想定対象	低学年から
使用するソフト例	Google フォーム（Microsoft Forms）		
子どもの 学びとの関係	⑩　個別学習が充実する		

授業例　全学年・社会，理科　　復習

学習内容

学習したことをミニテストで振り返る。

学習の流れ

事前の準備

Google フォームで，学習した基本的な内容について問題を作成する。

1（教師）Google Classroom で配信した問題を解いて，学習したことを振り返りましょう。間違った問題は，教科書やノートで確認しましょう。

2（児童）端末を開いて，Google フォームの問題を解いて返信する。選択式問題の場合は自動採点なので，自分の回答の正誤を確認し，間違っていた場合は，調べて正しい答えを確認する。間違った理由についても考える。筆記回答の問題は，先生に返信して，確認してもらう。

日本の水産業ミニテスト

正しいと思う答えを一つずつ選びましょう。

10t以上の動力船を使い、数日がかりで漁をすることを何という？　25 ポイント

○ 沿岸漁業

○ 沖合漁業

○ 遠洋漁業

10t未満の小型船を使い、海岸近くで日帰りの漁をすることを何という？　船を使わないこともあるよ。　25 ポイント

○ 沿岸漁業

○ 沖合漁業

○ 遠洋漁業

遠くの海に出かけ、数十日から数ヶ月かけて漁をすることを何という？　25 ポイント

○ 沿岸漁業

○ 沖合漁業

○ 遠洋漁業

たい、はまち、のり、かきなどを、いけすやいかだで、育て出荷することを何という？　25 ポイント

○ 養しょく業

○ さいばい漁業

主体的な学びを実現するためのポイント

確かな知識を身につけることが，思考力を生かすためには大切です。小テストで自分の知識や学び方を振り返らせるとともに，確かな俊樹を定着させます。

インクルーシブな視点を重視した授業づくりの視点から

個別の問題練習なので，自分の力を伸ばすことを考えて落ち着いて取り組むことができます。

実践アイディア

・右の二点は，Microsoft Forms で作ったミニテストと記述式の問題です。理科ミニテストのように，写真を挿入することができます。

・国立博物館の問題のように，ホームページへのリンクを挿入することもできるので，児童にまずホームページや動画を教材として見せ，内容に関する感想を文章で書いてもらったり，選択式の問題に解答させたりすることができます。

　動画は，公共団体など信頼性の高い組織が作成したものを丁寧に確認して選ぶことが大切です。自作の動画を YouTube に限定公開して教材として使う時にも便利です。

50　Zoom でレクリエーションを楽しもう

対応情報端末	Chromebook・Windows・iPad	想定対象	低学年から
使用するソフト例	Zoom (Google Meet，Microsoft Teams)		
子どもの学びとの関係	プラスα オンライン学習に慣れる		

　Zoom を使ってオンライン授業をする時に，子どもたちと楽しめるレクリエーションを紹介します。
　離れていても心がつながるきっかけになれば何よりです。

1　○×クイズ

　先生や友だちが口頭やカードで出題した○×クイズに，一斉に○×カードで回答する。正解したらワンポイントもらう。総合得点を競う。

必要な物　**1人につき○×カード1枚ずつ**

・ギャラリービューに設定して，参加者が全員の表示を一覧できるようにする。

2　三択クイズ

　先生や友だちが口頭やカードで出題した三択クイズに，一斉にＡＢＣのカードで回答する。正解したらワンポイントもらう。総合得点を競う。

必要な物　**1人につきＡＢＣ各1枚のカード。①②③の数字のカードでもいい**

・①から③のカードがあればできる。お互いの選択を一覧できるので，対面式授業より楽しい。
・ギャラリービューに設定して，参加者が全員の表示を一覧できるようにする。

3　20クイズ

　1から20までの整数のなかで一番小さい数字を書いた人が勝者。ただし，複数

の人が選んだ数字は無効になる。

数字を書く紙など

・例えば1（2人），2（5人），3（1人）なら，3を書いた1人が勝者。しばらく考える時間を設定して，その後，紙などに大きく書いた数字を一斉に提示する。

・チャット機能を利用して，ホスト限定で数字を送る方法もある。

・対面で行う場合も，Microsoft Forms や Google Jamboard を使って一斉に書き込む方法で同じゲームを楽しむことができる。

4　チャットリレー作文

チャット欄を使って，順番に作文を書く。

・「きのうの5年3組」のような題名を決めて，名簿順に一文ずつ作文を書く。列や，班などのグループで別々の会議を開催して書くこともできる。

5　色集め

先生や友だちが指定した色を身近な物から探して見せる。

・色は名前で指定する方法と，物を見せて同じ色を指定する方法がある。名前で指定すると色の名前に対する意識を高めることにもなる。

6　色集め2

一番好きな色，元気が出る色，夏らしい色などなど，人によって異なる色を集めて，紹介し合う。

7　ジェスチャーゲーム

ホストがプライベートチャットでお題を一人に出す。指名された人はジェスチャーで表現する。そのジェスチャーの意味がわかった人はミュートを解除して答える。正解した人は，別の人にプライベートチャットでお題を出す。

・参加者間のチャットを可能な設定にしておく。

8 国集め

　自宅にある外国製のものを一つ持ってきて紹介する。なるべく他の人と重複しないようにする。

必要な物 世界地図

・紹介された国をチャットに書き込むと重複しにくい。

9 なりきりキャスター

　明るく愉快になるニュースをそれぞれが準備して，ニュースキャスターになりきって話す。

必要な物 手作りマイク，ニュースのタイトルを書いた紙やホワイトボード

10 チャットしりとり

　しりとり遊びを名前順にチャットに書いてタイムを記録する。二回目以降はタイム更新を目標にする。

・グループごとにタイムを競うこともできる。

11 聞き取りゲーム

　複数の参加者が同時に話す単語や，短文を他の参加者が聞き取るゲーム。

・5人ずつブレークアウトルームに分かれて，一斉に言う単語を相談する。
・元に戻り，くじで決まった班から，ミュートを解除し，自分たちのタイミングで一斉に単語を話す。他の参加者は，聞き取った単語をチャットに書く。正解したらポイントをもらう。慣れたら短文に問題をレベルアップする。

使用ソフト別索引

＊数字は第3章の事例番号です。

用語集

アイコン

コンピュータで，ファイルの内容や特定の処理などをシンプルな絵や文字などのデザインで表したもの。

アセスメント

児童の現状を，思い込みや他者の情報で決めつけず，アンケートやテスト観察など客観的な方法で把握すること。

アプリケーションソフト

ある目的のために開発された，コンピューターに命令を出す情報。コンピューター・プログラムともいう。ワープロソフト，表計算ソフトウェア，写真加工用ソフトウェアなどがある。アプリと同じ意味。

インストール，ダウンロード

インストールはソフトウェアを情報端末で使用できるようにする作業，ダウンロードは情報端末にファイルを保存すること。インストールしたソフトウェアを使えないように削除することがアンインストール。

クラウド

利用者のデータを，いつでも使える状態で保存してくれるのがクラウドサービス。データをネット上に保存するので個々の情報端末に多くの容量を必要としない。複数の情報端末から必要な時にデータを見たり修正したりすることも可能。ギガスクール構想では，児童が作成した資料なども基本的にはクラウドに保存される。

検索

必要なものを探すこと。インターネットを利用して必要な情報を探すことが web 検索。

思考ツール

自分の考えを整理したり，友だちや本などから得た新しい情報を自分の考えの中に位

置づけたりするときに役に立つ道具。比較する，分類する，順番をつけるなど目的に応じた様々な思考ツールがある。紙に書くことも多いが，情報端末を使った実践も多く紹介されている。（シンキングツール）

情報端末

通信の機能を持っている機器。ギガスクール構想では，学習者用及び教師用のコンピュータのこと。

テキストマイニングツール

文字で書かれたたくさんの情報を整理し，必要な情報を見つけやすい状態にするツール。単語などが出てきた回数が多い順に並べる，多く使われている単語を目立つように大きく表示するなどの機能がある。

ドラッグ

情報端末の画面上で何かを選択して移動させるときに，マウスの左ボタンを指で押したままマウスを動かす操作方法。タブレットでは，画面を指で押したままの状態でスライドさせること。

フォルダ

情報端末で扱うファイルやプログラムを一つのまとまりとして収納する場所。教科や単元でフォルダを作ると，あとから探しやすい。

ブックマーク

よく使う Web サイトのアドレス（URL）を保存しておき，必要な時に簡単に開けるようにしたもの。

ブレークアウトルーム

Zoom などの Web 会議システムで参加者を複数の会議室に分ける機能。遠隔授業でも，少人数での話し合いができるので活用されている。

プレゼンテーションソフト

作成した資料や作品をスライドショー形式で表示するソフトウェア。文字・写真・動画などの編集・配置が簡単な操作で行える。

ポートフォリオ

教育の場で使われるポートフォリオは，途中経過も含めた学習の記録を収拾しファイルしたもの。結果だけではなく，経過を含めて評価しようという意図がある。情報端末に学習の記録を意図的に保存し活用することが可能。

マニュアル

手引き書。情報端末やアプリケーションソフトを初心者にわかりやすいように説明したもの。印刷物で提供されることもあるが，Web上に用意されていることも多い。児童が困った時に自分でも調べて確認できるよう，大事な部分だけを印刷物で準備するなどの工夫が必要。

ログイン，ログアウト

コンピュータシステムに，登録したIDとパスワードでアクセス（入室）することがログイン，アクセスしている状態を切断しシステムが使えない状態にすることがログアウト。IDは簡単には変わらない名前のようなもの。パスワードは秘密の鍵のようなもの。

QRコード

日本のデンソーウェーブ社が1994年に開発した，大量の情報を保存できるコード。スマホなどを使って読み取ることができるので，保護者に情報を伝える手段の一つとしても便利。

Web会議システム

インターネットを利用し，地理的に離れていても音声や映像を共有することでコミュニケーションをとることが可能になるコミュニケーションツール。文書・写真・動画などを参加者が同時に見る共有システムを活用して授業や講演などで使用される。

Webサイト

〇〇小学校の公式ホームページのように，インターネット上の情報のまとまりがWebサイトで，個々のページはWebページ。ホームページは本来は，Webページのトップページのことだが，現在はWebサイトと同じ意味で使われている。

（監修・岡本牧子·琉球大学准教授）

まだまだあります
授業づくりに役立つアプリケーションソフト

教材に使う写真をアルバムに整理しよう

写真や動画をクラウドで管理できる Google のサービス。iPhone, Android スマホ, タブレット, パソコンなどのデバイスで使えて便利です。15GB まで無料で使えます。

写真は, 時系列で表示されますが, 必要な写真を探すためにたくさんの写真を見るのは大変です。定期的にタイトルをつけてアルバムにまとめると便利です。

人が写った写真は, 自動的に顔を識別して分類してくれますが, 名前を付けないとたくさんの人の顔から必要な人を探すのは意外と大変です。写真の編集も, 明るさや色の調整, サイズ変更などは Google フォトで簡単にできます。

オリイオオコウモリ

多様な写真編集で目的に応じた写真に編集しよう

snapseed は Google のサービスで, 多機能な写真編集ができる iphone, ipad, Android 用の無料アプリ。シミ除去, 露出・彩度・明るさ・色温度の部分的な編集, モノクロ写真化など多様な機能があります。（右図参照）

画像調整	ディテール	カーブ	ホワイトバランス
切り抜き	回転	射影変換	アンクロップ
部分調整	ブラシ	シミ除去	HDR風
グラマーグロー	階調コントラスト	ドラマ	ヴィンテージ
効果	ツール	エクスポート	

個別指導を時系列で保存しよう

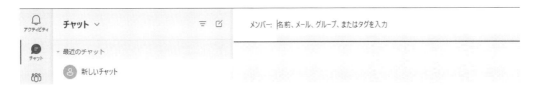

　チャットは，Teams で使える Microsoft のサービスです。

　Teams で，[チャット] をクリックします。チャットする相手の名前かメールアドレスを入力し，右のチェックをクリックすると，チャットできる状態になります。チャットではテキスト，写真，ファイルなどを互いに投稿することができます。

　チャットの良さは時系列で指導の記録が保存できることと，過去のやりとりを検索しやすいことです。個人間のやりとりだけでなく，複数でグループチャットを行うことも可能です。

　個人間のチャットの設定では，1 人の名前を入れましたが，ここに複数の名前やメールアドレスを入れ，グループ名を設定すると，複数人数でのチャットが設定されます。グループで比較的長期間の取り組みを行う場合にグループ間の連絡をとるために使うと便利です。グループでのチャットでも，時系列でテキスト，写真，資料などが保存されていくので，お互いの進行状況を連絡したり，困ったときにアドバイスを求めたりすることが簡単にできます。

　チャット機能の使用が禁止されているときは，Teams のチャネルをグループごとに作成するとチャットと同様の使い方ができます。

大人気のクイズ作成アプリで楽しもう

　カフートは，Kahoot！が著作権を所有するアプリ。クイズ作成などいろいろな機能があります。

　まず，メールアドレスを記入し，パスワードを設定してアカウントをつくります。ログインし，[作成する]，クイズのタイトルを記入，画像を挿入し，四択の問題を記入し

正解にチェックを入れます。5問以上作成し，右上の [完了]。

［ホームルーム］−［プレビュー］−［ホスト kahoot］−［使用するクイズ］

教室で一斉にクイズに答え
させる場合は，［教える］，一
定の期間内にそれぞれの
ペースで答えさせる場合は［割当］。

教室で一斉にクイズに答えさせる場合は，
ゲームの PIN（パスワード）が表示されるので，
児童にカフートの Web ページを開かせ，PIN
を入力させ，一緒にクイズに挑戦します。大画面に表示すると，児童の選択した回答が表示さ
れます。

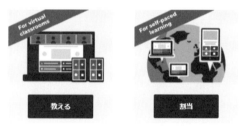

一定の期間内にそれぞれのペースで答えさせる場合は，使うクイズを選択し，URL をコピー
してメールなどで配布します。

ホームページからの作成だと翻訳しないと英語のみですが，スマートフォンアプリは日本語バー
ジョンがあります。無料版でクイズは楽しめますが，有料の多機能版もあります。

オンラインを使った投票や質問を授業に取り入れよう

slido　　　　NEC ネッツエスアイ株式会社が取り扱っている slido は，インターネットを通じて，リアルタイムで参加者に投票してもらったり，質問してもらえるシステム。

設定した問題に回答してもらうことで，学級の子どもたちの考えていることを簡単に把握することができます。また，書き込むだけなので，なかなか自分から手をあげて質問できない子どもが質問しやすくなります。

インストールは不要で，slido を検索してホームページを開き，教師がイベントを作成し作成されるイベントコードを入力すると参加できます。

ゲストティーチャーを招いた学習で児童に質問を書き込んでもらい，ゲストティーチャーが見ながら回答するなどの使い方ができます。無料版には制限がありますが，基本的な機能は使うことができます。

マインドマップを作成しよう

① XMind Ltd. の XMind 8は，簡単な操作でマインドマップや魚骨図（フィッシュボーン），マトリックスなどの思考ツールが作成できるアプリ。

無料でダウンロードし使うことができます。多機能な有料版もあります。テンプレートも多数用意されているので，初めてでも戸惑いは少ないはずです。

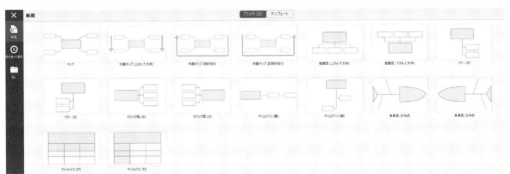

［ファイル］－［新規］－［マップ］でマインドマップの画面になります。［プロフェッショナル］で［中心トピック］をクリックしてタイトルを記入します。

中心トピックはマインドマップのテーマで，例として「宮沢賢治」を入力します。

中心トピックの周辺に大見出しにあたる主トピック，その次により細かい情報になるサブトピックと続きます。入力する時は，元になる言葉の枠をクリックし，サブトピックなどを選択して入力します。フローティングトピックは，点線で結ばれるトピックになります。

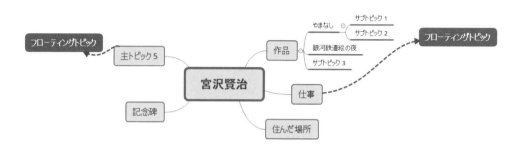

② chromebook で使える MindMup 2 は Sauf PompiersLimited が開発したアプリ。

英語版ですが，基本的な操作は難しくありません。[file] - [New] - [Standardmap]。中心部の 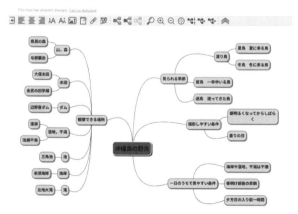（Press Space or doubleclick to edit）をクリックして，アメリカ合衆国，青森県の産業，宮沢賢治など調べているテーマをタイトルとして書きます。次に，をクリックして，調べていることに関係のある主トピックを書きます。二つ目からは，関係づける枠をクリックすることで指定してから，をクリックします。

中心のタイトル（沖縄島の野鳥）から最初に関係づけるのは，大見出しになるようなものにし，次に小見出し，細かい情報と順に書くと整理しやすくなります。（下図参照）

枠内の文が長くなるときは，[Shiftキー] - [Enter] で改行できます。枠はドラッグすることで移動することができます。枠を指定し をクリックすると背景色を変えることができます。

●著者紹介

蔵満逸司

1961 年鹿児島県生まれ。国立大学法人琉球大学教職大学院准教授。沖縄大学非常勤講師。元鹿児島県小学校教諭 (29 年勤務)・日本 LD 学会会員・特別支援教育士 (2021 年時点)

■著書

『奄美まるごと小百科』『奄美食 (うまいもの) 紀行』『奄美もの知りクイズ 350 問』『鹿児島もの知りクイズ 350 問』『鹿児島の歩き方鹿児島市篇』(以上, 南方新社),『授業のツボがよくわかる算数の授業技術高学年』(以上, 学事出版),『小学校 1・2・3 年の楽しい学級通信のアイデア 48』『小学校 4・5・6 年の楽しい学級通信のアイデア 48』『見やすくきれいな小学生の教科別ノート指導』『特別支援教育を意識した小学校の授業づくり・板書・ノート指導』『教師のための iPhone & iPad 超かんたん活用術』『ワークシート付きかしこい子に育てる新聞を使った授業プラン 30+ 学習ゲーム 7』『小学校プログラミング教育の考え方・進め方』『小学校 授業が盛り上がるほぼ毎日学習クイズ BEST365』『インクルーシブな視点を生かした学級づくり・授業づくり』(以上, 黎明書房),『おいしい!授業 -70 のアイデア & スパイス +1 小学校 1・2 年』(フォーラム A),『ミナミさんちのクイズスペシャル』1,2,3(以上, 南日本新聞社＊非売品)

■ DVD

『演劇・パフォーマンス系導入パターン』『実践!ミニネタアイディア集 (算数編)2 巻』(以上, ジャパンライム社)

■共著

『42 の出題パターンで楽しむ痛快社会科クイズ 608』『クイズの出し方大辞典付き笑って楽しむ体育クイズ 417』(以上, 黎明書房)

■編著書

上條晴夫監修『小学校算数の学習ゲーム集』『算数の授業ミニネタ & コツ 101』(以上, 学事出版)

■算数教科書編集委員

GIGA スクール構想で変わる授業づくり入門
―1人1台情報端末でできること 50―

2021 年 9 月 10 日　初版発行

著　者　蔵　満　逸　司
発行者　武　馬　久　仁　裕
印　刷　株式会社太洋社
製　本　株式会社太洋社

発　行　所　　　　株式会社 黎 明 書 房

〒 460-0002　名古屋市中区丸の内 3-6-27　EBS ビル　☎ 052-962-3045
FAX 052-951-9065　振替・00880-1-59001
〒 101-0047　東京連絡所・千代田区内神田 1-4-9　松苗ビル 4 階
☎ 03-3268-3470

落丁本・乱丁本はお取替えします。　　　　ISBN978-4-654-02358-5

小学校プログラミング教育の考え方・進め方

オールカラー

蔵満逸司著 　B5・86頁　2300円

小学校で新しく始まるプログラミング教育について，パソコンが苦手な先生でも理解できるよう平易に解説したプログラミング教育の入門書。指導例に基づく教科別の指導プラン・ワークシートなどを収録。

教師のための iPhone & iPad 超かんたん活用術

オールカラー

蔵満逸司著 　B5・86頁　2300円

はじめて iPhone や iPad をさわる人でも，すぐに授業や普段の教師生活に活かせるノウハウを収録！ 操作説明や基本の用語，各教科の授業や特別支援教育に役立つアプリも厳選して紹介。

子どもを見る目が変わる！インクルーシブな視点を生かした学級づくり・授業づくり

蔵満逸司著 　A5・97頁　1700円

特別支援教育を意識しながら小学校教諭を29年続けてきた著者が，子どもの「好き」を大切にする学級づくりや，個を大切にする協同学習など，学級づくりと授業づくりで大切なことを10の視点で解説。

小学校 授業が盛り上がる ほぼ毎日学習クイズ BEST 365

蔵満逸司著 　B5・94頁　1800円

授業の導入や，スキマ時間，家庭学習に役立つ，ほぼ毎日できる365問。クイズはすべて，その日に起きた出来事などから作られた三択クイズ。楽しみながら知識を増やし，思考力を高めることができます。

ワークシート付き かしこい子に育てる 新聞を使った授業プラン 30 ＋ 学習ゲーム 7

蔵満逸司著 　B5・86頁　1800円

「新聞のグラフを読み取ろう」「スポーツ記事を書いてみよう」など，新聞を使った小学校の各教科の授業プランと，「新聞たほいや」などの学習ゲームを収録。アクティブ・ラーニングの教材としても最適。

特別支援教育を意識した 小学校の 授業づくり・板書・ノート指導

蔵満逸司著 　B5・86頁　1900円

発達障害の子どもだけでなく，すべての子どもの指導をより効果的で効率的なものにするユニバーサルデザインによる学習指導のあり方を，授業づくり・板書・ノート指導にわけて紹介。コピーして使える資料付。

見やすくきれいな 小学生の教科別ノート指導

蔵満逸司著 　B5・92頁　1800円

国語，社会科，算数，理科等の各学年のノートの見やすい書き方，使い方を実際のノート例を交えながら紹介。特別支援を意識したノート指導では，支援を要する児童を意識した板書の工夫などにもふれる。

子どもも保護者も愛読者にする 小学校1・2・3年の楽しい 学級通信のアイデア 48

蔵満逸司著 　B5・102頁　2000円

子どもとの距離も保護者との距離もぐっと近づく学級通信を48種紹介。作成手順や具体例がそのまま使えるワークシートを掲載。保護者が気になる低学年ならではのネタも紹介。

子どもも保護者も愛読者にする 小学校4・5・6年の楽しい 学級通信のアイデア 48

蔵満逸司著 　B5・102頁　2000円

子どもとの距離も保護者との距離もぐっと近づく学級通信を48種紹介。作成手順や具体例がそのまま使えるワークシートを掲載。「ローマ字通信」「中学校ニュース」等，高学年ならではの新鮮なネタが満載。

＊表示価格は本体価格です。別途消費税がかかります。
■ホームページでは，新刊案内など小社刊行物の詳細な情報を提供しております。
「総合目録」もダウンロードできます。http://www.reimei-shobo.com/